MARCO POLO

OMAN

MARCO POLO AUTOR
Jobst Krumpeter

1993 half ein Beduine Jobst Krumpeter fernab der Zivilisation aus misslicher Lage und fragte beim Abschied verschmitzt „Do you have whisky?". Dies ist nur eine von vielen Episoden, die den Autor und Reiseleiter mit den Menschen Omans seit mehr als 20 Jahren verbinden. Mit ihrer Hilfe lernte er wunderbare Ecken des Landes kennen.

REIN INS ERLEBEN

Mit dem digitalen Service von MARCO POLO sind ***Sie noch unbeschwerter unterwegs: Auf den*** **Erlebnistouren zielsicher von A nach B navigieren oder aktuelle Infos abrufen – das und mehr ist nur noch einen Fingertipp entfernt.**

Hier geht's lang zu den digitalen Extras:

http://go.marcopolo.de/oma

Touren-App

Ganz einfach orientieren und jederzeit wissen, wo genau Sie gerade sind: Die praktische App zu den Erlebnistouren sorgt dank Offline-Karte und Navigation dafür, dass Sie immer auf dem richtigen Weg sind. Außerdem zeigen Nummern alle empfohlenen Aktivitäten, Genuss-, Kultur- und Shoppingtipps entlang der Tour an.

HTTP://GO.MARCOPOLO.DE/OMA

Update-Service

Immer auf dem neuesten Stand in Ihrer Destination sein: Der Online-Update-Service bietet Ihnen nicht nur aktuelle Tipps und Termine, sondern auch Änderungen von Öffnungszeiten, Preisen oder anderen Angaben zu den Reiseführerinhalten. Einfach als PDF ausdrucken oder für Smartphone, Tablet oder E-Reader herunterladen.

SYMBOLE

INSIDER TIPP Insider-Tipp
★ Highlight
●●●● Best of ...
Schöne Aussicht
(*) kostenpflichtige Telefonnummer

PREISKATEGORIEN HOTELS

€€€	über 150 Euro
€€	80–150 Euro
€	bis 80 Euro

Die Preise gelten pro Nacht für ein Doppelzimmer mit Frühstück

PREISKATEGORIEN RESTAURANTS

€€€	über 20 Euro
€€	5–20 Euro
€	bis 5 Euro

Die Preise gelten für ein typisches Tellergericht ohne Getränke

 Titelthemen: Segeln in den Fjorden Musandams S. 94 | Auf dem Freitagsmarkt in Nizwa S. 61

INHALT

GUT ZU WISSEN

Geschichtstabelle → S. 14
Spezialitäten → S. 28
Despot oder kein Despot? → S. 45
Wo Bullen Ihre Kräfte messen → S. 54
Keinen Kater dank Cannabis → S. 85
Frauen, Silber und Dolche → S. 89
Was kostet wie viel? → S. 121
Bücher & Filme → S. 122
Wetter → S. 124

KARTEN IM BAND
(132 A1) Seitenzahlen und Koordinaten verweisen auf den Reiseatlas
(O) Ort/Adresse liegt außerhalb des Kartenausschnitts
Es sind auch die Objekte mit Koordinaten versehen, die nicht im Reiseatlas stehen

(🗺 A–B 2–3) verweist auf die herausnehmbare Faltkarte

(🗺 a–b 2–3) verweist auf die Nebenkarten der herausnehmbaren Faltkarte

UMSCHLAG VORN:
Die wichtigsten Highlights

UMSCHLAG HINTEN:
Karten von Muscat und Mutrah

Die besten MARCO POLO Insider-Tipps

Von allen Insider-Tipps finden Sie hier die 15 besten

INSIDER TIPP Optische Ode an die Freude
Morgens am schönsten: spiegelglattes Wasser im *Khor Najd*, von der über den Gipfeln Musandams aufgehenden Sonne beleuchtet → S. 97

INSIDER TIPP Günstig gehört
Hört sich etwas over the top an: *Royal Opera House Muscat* ... Aber trotz wuchtiger Architektur herrscht innen Leichtigkeit – und die Tickets sind erschwinglich → S. 43

INSIDER TIPP Arabien inhalieren
An einem schönen Ort einfach mal nur sitzen und schauen: Nehmen Sie Platz im *Café Chef A* und genießen Sie die arabische Atmosphäre. Ein *hummus* dazu? → S. 40

INSIDER TIPP Wenn Kopfnote auf Herznote trifft
Wie wär's zur Abwechslung mal mit libanesischer Küche? Im *Baalbek Restaurant* in Salalah wird das hervorragende Essen auf einer schönen Terrasse serviert → S. 79

INSIDER TIPP Lebendige Bilder
Es wird hart gefeilscht und grimmig geguckt, aber nie böse. Wenn Sie ein bisschen geschickt sind, dann machen Sie auf dem *Fischmarkt am Strand von Barka* lebendige Bilder – mit der Kamera und dem Herzen → S. 51

INSIDER TIPP Lichtspiel
Eine leere Festung kann ganz schön öde sein. Umso eindrucksvoller ist die ungewöhnlich hohe, lichtdurchflutete Eingangshalle der *qasaba* in der *Festung von Bahla* → S. 64

INSIDER TIPP Echt dufte
Tausende Rosen verströmen jedes Frühjahr ihren unvergleichlichen Duft auf dem *Jebel Akhdar* – könnte man ja mal erleben, finden Sie nicht? → S. 67

INSIDER TIPP Grandiose Wohnlage
Allein der Blick aus den Häusern in der Steilwand hoch über dem *Wadi Nakhar* – dem Ziel des *balcony walk* – ist umwerfend → S. 67

INSIDER TIPP Das Auge isst mit

Omanis lieben nicht nur Süßes, sondern auch aufwendig verpackte Geschenke. Das kleine Geschäft von *TmReya* in Qurum bietet beides in vollendeter Form → S. 45

INSIDER TIPP Abtauchen

Das Wadi Shab (Foto u.) ist eine Augenweide, aber die Krönung wartet am Ende des Tals: natürliche *Pools* voll klarem Wasser und mit einer Höhle zum Abtauchen → S. 73

INSIDER TIPP Stille Farbspiele

Wie sich die Dünen der größten Sandwüste der Erde, der *Rub al-Khali* (Foto li.), in aller Stille abends orangerot färben – grandios! → S. 86

INSIDER TIPP Charakterstudien

Natürlich können Sie wegen des saftigen Obsts oder der süßen Datteln zum *Central Market von Salalah* fahren. Spannender sind aber die vom Wetter gegerbten Gesichter der *jebalis*, die sich hier regelmäßig zum Palaver treffen → S. 81

INSIDER TIPP Es muss nicht immer Kaviar sein ...

... denn frischer Hummer ist auch was Feines. Und für diese Köstlichkeiten des Meeres lohnt sich jeder Weg nach Mirbat in das ebenso gute wie unscheinbare *Sea Restaurant* im Hafen → S. 85

INSIDER TIPP Gesunde Erfrischung

Man nehme eine Prise Kardamom und einen Hauch Zimt, zerkleinere zwei Nelken, schneide etwas Ingwer, schütte alles mit schwarzem Tee und Zucker nach Belieben in eine Tasse, gieße heißes Wasser und einen Schuss Kondensmilch hinzu – oder bestelle sich einen *karak-Tee* → S. 29

INSIDER TIPP Fundgrube

Der *Souk al-Juma'a* bei Mutrah ist ein herrlicher Flohmarkt. Und eine Fundgrube für Dinge, die man brauchen kann – und erst recht für die, die man nicht braucht, aber von denen man auch nicht lassen kann → S. 42

BEST OF ...

TOLLE ORTE ZUM NULLTARIF

Neues entdecken und den Geldbeutel schonen

SPAREN

● *Olfaktorische Krönung*

Amouage (arab. Die Welle) gehört zu den teuersten Parfüms der Welt, denn es beinhaltet die edelsten Essenzen Omans und wird in wertvollen Flakons aus Bleikristall verkauft. Eine Führung im Besuchszentrum der *Parfümerie Amouage* ist kostenlos und es gibt Pröbchen → S. 36

● *Handwerkskunst aus dem Gedächtnis*

Die alten Holzschiffe auf den Werften in Sur werden aus dem Kopf heraus gebaut, d.h. Pläne oder Skizzen gibt es nicht. Dass die Dhaus trotzdem gelingen, davon kann man sich auf dem Werftgelände selbst überzeugen – kostenlos! (Foto) → S. 69

● *Probieren geht über studieren*

Auch bei Datteln! Auf dem *Nizwa Souk* sollten Sie sich die Chance nicht entgehen lassen und von den köstlichen Früchten probieren. Haben Sie Ihre Lieblingssorte gefunden, müssen Sie aber auch kaufen! → S. 61

● *Harmonische Baupracht*

Sie müssen sich nur dezent kleiden, dann können Sie die Schönheit der *Sultan-Qaboos-Moschee* in Muscat genießen, wo die architektonischen Stilelemente Omans mit den schönsten Farben, Designs und Dekoren der arabischen Welt vereint sind – Eintritt frei! → S. 43

● *Wunder der Natur*

Oman ist in weiten Teilen ein Wüstenstaat und gerade deshalb überraschen Pracht und Vielfalt der Pflanzen des Landes. Einen kostenlosen Überblick erhält man im *Botanischen Garten des Naturhistorischen Museums*, inklusive des berühmten Weihrauchbaums → S. 42

● *Badevergnügen*

Einer der schönsten Plätze, sich – gratis – den Wüstensand vom verschwitzten Körper zu waschen und der Hitze ein Schnippchen zu schlagen, ist ohne Zweifel das *Wadi Bani Khalid* mit seinen großen Pools zwischen mächtigen Felsblöcken und schattigen Plätzen unter Palmen → S. 59

●●●● Diese Punkte zeichnen in den folgenden Kapiteln die Best-of-Hinweise aus

TYPISCH OMAN

Das erleben Sie nur hier

Fröhliches Gefeilsche

In Zeiten von Supermärkten ist der *Viehmarkt von Nizwa,* auf dem Verkäufer – lautstark ihre Preisvorstellung rufend – Ziegen, Rinder oder Schafe durch den Kreis der Interessenten führen, eine lebendige Reminiszenz an längst vergangene Zeiten (Foto) → S. 61

Ruinenrundgang

Das alte Dorf *Tanuf* zu Füßen des mächtigen Jebel Akhdar ist ein typisches Beispiel für die historische Lehmarchitektur und Wohnkultur dieser Region. Die Moschee ist noch gut erkennbar und im alten Bewässerungskanal fließt bis heute frisches Wasser! → S. 68

Schwerttanz und Dudelsack

Beim mehrtägigen *Muscat Festival* treten im Januar und Februar allabendlich Musiker und Tanzgruppen aus verschiedenen Regionen Omans auf, spielen deren Musik und zeigen traditionelle Tänze. Schöner als bei diesem fröhlichen Fest kann man die Vielfalt des Wüstenstaats nicht erleben → S. 117

Über Stock und Stein, durch Wasser und (Palmen)wald

Das *Wadi Shab* mit seinen ausgewaschenen Felsblöcken und fruchtbaren Palmengärten ist nicht nur ein eindrucksvolles Beispiel für die leuchtend grünen Trockentäler Omans. Hier wartet auch zweifelsohne eines der schönsten Naturerlebnisse des Sultanats, wenn Sie Ihre Wanderschuhe schnüren und loslaufen → S. 73

Fresken im Wohnschloss

Eine martialische Festung mit dunklen Verliesen und kahlen Wänden? So wollte Bilarub bin Sultan nicht leben und schmückte sein *Wohnschloss Jabrin* mit Fresken und Deckenmalereien, die in Arabien ihresgleichen suchen → S. 65

Aug' in Aug' mit den Frauen

Arabische Frauen leben schüchtern hinter Mauern? *Wallahi*, bei Allah – dann erleben Sie beim Kauf wohlriechender Essenzen auf dem *Weihrauchmarkt in Salalah* doch mal, wie selbstbewusst einheimische Frauen in ihren Läden den Kunden mit einem freundlichen Lächeln unter der Gesichtsmaske alles Wissenswerte erzählen → S. 81

BEST OF ...

SCHÖN, WENN ES HEISS IST

Aktivitäten, die Laune machen

Schwarzes Gold

Wie gefährlich die Arbeit und noch mehr die Abhängigkeit vom Rohstoff Öl ist, wissen die wenigsten. Dabei gibt's zu diesem Thema spannende und vor allem klimatisierte Museen wie das *PDO – Museum & Planetarium* → S. 42

Kriminelles Ambiente

Irgendwie fühlt man sich in der opulent gestalteten und wohltemperierten Lobby des *Grand Hyatt Muscat* wie in einem Orientkrimi von Agatha Christie. Fragen Sie an der Rezeption doch mal nach Hercule Poirot und den Kellner nach einem frischen Saft → S. 47

WETTER

Hoch hinaus im Hajargebirge

Die kühle Bergluft und eine frische Brise in 2000 m Höhe bringen den Geist auf Trab und ermuntern zu mehr Bewegung. Wie wär's mit einer leichten Wanderung am *Jebel Akhdar*? (Foto) → S. 66

Gechillt shoppen im Schatten

In der *Gardens Mall in Salalah* können Sie mit der omanischen Jugend chillen, ein Eis verhaften, mit einem Cappuccino die Lebensgeister wecken oder schauen, welches neue Mobiltelefon zum alten Bikini passt (umgekehrt wär's günstiger ...) → S. 81

Kühles Köpfchen unter der Erde

Also, die Stalaktiten hängen von oben herab und die Stalagmiten wachsen von unten ... oder umgekehrt? In der *Al-Hoota-Höhle* gibt's beide, und bei kühlem Kopf erinnern Sie sich auch wieder! → S. 64

Schutz hinter dicken Mauern

Die Lehmmauern der omanischen Festungen waren nicht nur so dick, um Kanonenkugeln draußen zu halten, sondern auch die Hitze. Probieren Sie es aus, in der *Festung von Nizwa,* in der Ihnen das Museum auch wunderbar informativ die Zeit vertreibt → S. 60

ENTSPANNT ZURÜCKLEHNEN

Durchatmen, genießen und verwöhnen lassen

ENTSPANNT

Meeresbrise auf der Haut

Das *Candles Café* in Qurum ist zwar „nur" ein einfaches Strandcafé, aber die tolle Lage und der weite Blick über den Ozean sorgen zusammen mit einem süßen Minztee und der frischen Meeresbrise ganz schnell für dieses „Ich-hab-Urlaub"-Gefühl → S. 44

Die Ruhe der Bucht

Stellen Sie sich vor: Sie liegen an Deck, um Sie herum eine grandiose Bergwelt, die sich in der See spiegelt, und dann gleiten Sie ins kühle Nass des Khor Shimm, während der Kapitän das Mittagsbüfett vorbereitet. Können Sie erleben: bei einer *Dhaufahrt in Musandam* → S. 94

Himmel über der Wüste

Schäfchenwolken ziehen vorüber, Kamele spazieren auf der Suche nach Futter vorbei und am Horizont ragen die weich geschwungenen Dünen der Wahiba in den knackblauen Himmel. Und Sie? Genießen die Szenerie auf den bequemen Kissen Ihres Deluxe-Apartments des *Desert Nights Camp* → S. 59

Entspannung für die Augen

Der Garten des Hotels *The Chedi* ist nicht nur schattig, schön angelegt und mit Pool, sondern wegen seiner klaren Linien auch eine Erholung für die Augen (Foto) → S. 46

Die Lichter der Großstadt ...

... genießen Sie in Muscat am Besten von oben. Und da ist die *Dachterrasse des Park Inn Hotels* in al-Khuwair der ideale Platz für einen entspannten Abend mit Cocktails und herrlichem Blick über die beleuchtete Stadt → S. 47

Pause unter Sternen

Bequeme arabische Sitzecken unter freiem Himmel laden ein zum wohligen Ausstrecken der Beine nach einem Erkundungstag in Nizwa. Genießen Sie dazu eine *shisha*, Sie müssen sie ja nicht bis zur Neige rauchen. So entspannt geht's im *Golden Tulip Hotel* in Nizwa zu → S. 63

AUFTAKT

ENTDECKEN SIE OMAN!

Nein, dieser Text beginnt nicht mit der schönen Landschaft oder anderen Vorzügen Omans. Es hätte seine Berechtigung, trotzdem beginnt es mit der 25-jährigen, Kopftuch tragenden Reem und folgendem Dialog: „Wenn Du mal einen Reisebus brauchst, ruf mich an", sagt sie. Und auf die Frage „Was für einen Bus hat dein Vater denn?" antwortet sie stolz: „Wieso mein Vater? Ich habe einen 45-Sitzer-Reisebus gekauft und vermiete ihn!" Damit willkommen in Oman, einem ***arabisch-islamischen Land***, das auf den ersten Blick gängige Klischees erfüllt und in dem vieles doch so anders ist. Denn das Sultanat ist seinen ***eigenen Weg gegangen***, schon immer.

Doch zunächst einmal zum besagten ersten Blick. Der fällt aus dem Flugzeug, und weil viele Flieger aus Europa nachts im Sultanat ankommen, sieht man kurz vor der Landung erst mal – nichts. Oder, besser gesagt: bodenlose, allertiefste Schwärze. Bis plötzlich orange leuchtende Streifen das schwarze Loch dort unten durchziehen. Es sind die nächtens hell erleuchteten Autobahnen und Straßen, die von der Hauptstadt heraus in die Wüste führen, deutlich sind die Lampen selbst aus der Höhe zu erkennen. Die Streifen nehmen zu, immer mehr und immer verzweigter, dann taucht ***Muscats Lichtermeer*** auf, das sich im Meer spiegelt und die umgebenden Berghänge

Bild: Sultan-Qaboos-Moschee in Muscat

Doll, diese Doline: Im Hawiyat Najm Park nahe Bimmah badet's sich prima im Türkisgrünen

hinaufsteigt wie leuchtende Brandung. Später dann, im Taxi auf dem Weg ins Hotel, entlang der sauberen breiten Straßen mit ihren bunt beblumten Seitenstreifen, die so gar nicht dem althergebrachten Bild vom trockenen „Wüstenstaat" entsprechen, großes Staunen: „War das nicht eben ... ein Kamel? Direkt am Straßenrand?" Willkommen in Oman! Der Taxifahrer grinst ...

Am nächsten Morgen dann aber doch: ***Hallo Wüste!*** Vor dem Hotelfenster liegt das Meer, liegen Palmen, Minarette, weiße Würfelhäuser. Und die kahlsten aller Berge, die in jeder Schattierung von Braun und ohne jedes Grün die Hauptstadt vom endlosen Sandmeer mit dem bezeichnenden Namen „Leeres Viertel" abgrenzen. Zeit für den zweiten Blick: auf den ***Sonderweg***, den Oman im Vergleich zu seinen arabischen Nachbarn eingeschlagen hat. Erstes (sichtbares) Zeichen ist die Kleidung der Männer. Sie tragen zwar auch das bekannte ***knöchellange Gewand (dishdasha)***, aber eben

5000 v. Chr.
Erste Siedler nahe Muscat

2700 – 1800 v. Chr.
Das antike Reich Magan im heutigen Oman exportiert Kupfer nach Mesopotamien, Entstehung der Umm-an-Nar-Hochkultur

ca. 500 v. Chr.
Persische Besetzung Omans

ca. 200 n. Chr.
Einwanderung der arabischen Urbevölkerung aus Hadramaut (Jemen)

um 622 n. Chr.
Jolanda-Könige regieren Oman; Islamisierung

1507 – 1650
portugiesische Besetzung Omans

nicht nur in Weiß, wie gewohnt, sondern in fast allen Farben des Regenbogens. Das Bunte setzt sich bei den ***fein gewebten Kopftüchern (massaar)*** fort, die mit eleganten Stickereien verziert sind. Doch mag die Kleidung auch traditionell sein – das Leben ist modern geworden, das unterscheidet Oman keineswegs von den nahen Vereinigten Arabischen Emiraten (VAE). Lehmhäuser und Kamele sind lange schon durch ***klimatisierte Residenzen und Geländewagen*** ersetzt worden, nicht nur in der Hauptstadt.

Trotzdem müssen – und dürfen – Sie natürlich nicht alle Traumbilder des Orients über Bord werfen. In vielen Dörfern und Städten auf dem Land werden ***wuselnde Wochenmärkte*** wie seit Jahrhunderten abgehalten, werden Kamele, Ziegen und Rinder versteigert, und jeden Freitag trifft man sich zum ***Mittagsgebet in der Moschee***. Oft finden sich neben neuen Ortsteilen noch die alten, verlassenen Viertel mit den erhabenen Lehmbauten samt verwitterten Holztüren und geschnitzten Fensterrahmen. Traumbilder wie aus – pardon, aber manchmal passen die Klischees eben einfach perfekt! – „Tausendundeiner Nacht" erleben Sie auch in der spektakulären Natur des Landes, deren Lockruf Sie sich nicht entziehen können.

Geländewagen statt Kamel und Lehmhaus

Mindestens eins der ***grünen Täler (wadis)*** des Hajargebirges mit ihren kühlen Schatten unter eng stehenden Felswänden und dem Plätschern von Bewässerungskanälen sollten Sie hinaufgewandert sein. Ebenso wie in die raue, karge Gipfelwelt des Hajar, jener Bergkette, die Omans Nordostküste auf ganzer Länge begleitet (und die Sie auch mit einem Geländewagen erkunden können). In Musandam hoch oben im

1650 – 1718 Al-Ya'aruba-Dynastie, Bau der Festungen in Nizwa, Bahla, Jabrin, Rustaq und Al Hazm

1718 – 1744 Bürgerkrieg, persische Truppen besetzen Batinahküste

1744 Ahmad bin Said al-Busaidi vertreibt die Perser

1805 – 1856 Größte Ausdehnung des omanischen Herrschaftsgebiets; Insel Sansibar Regierungssitz, wirtschaftlicher Niedergang Omans

1958 – 1959 Aufstand am Jebel Akhdar; Niederschlagung mit englischer Hilfe

Nordosten taucht das Gebirge dann direkt ins Meer und bildet ***traumschöne Fjorde***. Verpassen Sie bloß nicht, was die omanische Exklave berühmt gemacht hat: eine Fjordfahrt mit jenen hölzernen Schiffen *(Dhaus)*, mit denen die Omanis ab dem 8. Jh. den Indischen Ozean beherrschten und ***erfolgreich Handel mit Indien, China und Afrika trieben***. Im Südwesten, nahe der Grenze zu Jemen, zeigt Oman wieder ein anderes Gesicht: ein karibisches, mit vielen neuen und gerade entstehenden Hotelresorts an herrlichen Sandstränden. Wenn das Öl nicht mehr sprudelt, sollen die Touristen kommen – und das tun sie schon jetzt, sogar wenn es regnet: Wenn der ***Südwestmonsun*** von Ende Juni bis Anfang September an den Berghängen Salalahs seine feuchte Fracht ablädt und das sandgelbe Land grün anmalt, tanzen wüstenmüde Araber aus den Nachbarstaaten im Regen.

Doch zurück zu Omans Sonderweg, der sich auch in der Religion ausdrückt. Ihre ***weltoffene Lebenseinstellung*** machte die omanischen Händler schon früher höchst erfolgreich. Die Wurzeln dieser Haltung reichen in die Anfänge des Islam im 7. Jh. zurück, als sich in Oman nicht Sunniten und Schiiten durchsetzten, sondern die Anhänger Abdullah ibn Ibads: Der ***Ibadismus*** ist geprägt von Zurückhaltung, Toleranz und Gewaltlosigkeit gegenüber Andersdenkenden, und er ist Staatsreligion in Oman. Für Sie als Gast bedeutet es ein *ahlan wa sahlan*, ein „Herzlich willkommen"! Alles, was Sie dafür tun müssen, ist, Sitten und Gebräuche zu respektieren.

Wenn Araber glücklich im Regen tanzen

Den ob des Begriffs „Gewaltlosigkeit" schmunzelnden Zynikern sei hier gleich der Wind aus den Segeln genommen: Auch die Omanis haben sich mit schöner Regelmäßigkeit den Schädel eingeschlagen im Kampf gegen äußere Feinde, in Stammeskonflikten und nicht selten innerhalb der eigenen Familie. Doch das ist Geschichte und heute strahlen sie eine ruhige Freundlichkeit aus. Hitzige Auseinandersetzungen wie im Jemen, wo auch schon mal die Dolchklinge in der Sonne blitzt, werden Sie in Oman nicht erleben. Natürlich wird ***in den Souks lauthals gefeilscht*** und Beduinenfrauen können bei Preisverhandlungen eine erstaunliche Beharrlichkeit an den Tag legen. Aber von Aggression keine Spur, probieren Sie es ruhig mal selbst. Und noch etwas gehört zum guten omanischen Ton: ein sauberes Äußeres. Lachen Sie nicht – in Muscat können stark verschmutzte Fahrzeuge mit einem Bußgeld belegt werden.

1965 – 1975 Dhofarkrieg

1967 Beginn des Erdölexports

1970 Sultan Qaboos löst seinen Vater ab, Beginn der omanischen Renaissance

2011 Arabischer Frühling; mehr Mitspracherecht für Volksvertretung

2013 Erschließung des nordöstlichen Dhofargebirges durch neue Straße hinter Hasik

2015 Beginn der Neugestaltung des historischen Viertels al-Hafah in Salalah

Die Omanis waren übrigens so nett, ihre schönsten Festungen innerhalb eines knappen Jahrhunderts zu errichten, da müssen Sie nicht so viel Geschichte büffeln. Die ist ohnehin übersichtlich, im Vergleich zu anderen Ländern wie Ägypten oder Syrien. Es gab die Jolanda-Könige, dann ein portugiesisches Gastspiel von 150 Jahren und einen 26-jährigen Bürgerkrieg im 18. Jh., später eine Zeit, in der Sansibar, dessen Gewürznelken enorme Gewinne abwarfen, ein paar Jahre Regierungssitz war – und das Jahr 1970, in dem ***Sultan Qaboos*** sein Amt antrat und Jahrzehnte

Ein behutsamer Aufbruch in die Moderne

Dem Passatwind sei Dank: In Salalah wächst und gedeiht Obst und Gemüse

entwicklungstechnischen Stillstands beendete. Die ***omanische Renaissance***, sie war der behutsame und umsichtige Aufbruch in die Moderne.

Dafür zollt die Bevölkerung dem Sultan höchsten Respekt, denn sie bekam Schulen, Straßen, Krankenhäuser. Und junge Mädchen wie Reem bekamen – vielleicht der einschneidendste Sonderweg – die Möglichkeit, eine Ausbildung zu absolvieren, ohne die traditionellen Werte über Bord werfen zu müssen. Jetzt also vermietet sie ihren eigenen Bus und kaum etwas unterscheidet sie von Frauen aus westlichen Kulturen, von denen man das Tragen eines Kopftuchs nur beim Besuch einer Moschee erwartet. Ansonsten können sie sich problemlos allein im Land bewegen wie jeder männliche Tourist. Wie überhaupt ***das Reisen sehr unkompliziert ist***. Die Hotels sind famos, die Verkehrsschilder zweisprachig, die Straßen exzellent – da müssen Sie eigentlich nur aufpassen, sich keinen Sonnenbrand zu holen. Und das geht schnell, bei 300 Sonnentagen im Jahr!

1 Welt verändernde Kraft

Kunst Sie studieren Kunstgeschichte in Amerika oder Paris, lassen sich inspirieren von den Werken europäischer Künstler, Museen wie dem Louvre oder antiken Schriftzeichen. Die Kunstszene in Oman ist jung, ambitioniert und glaubt an die Welt verändernde Kraft der Kunst: *Hassan Meer (www.hassanmeer.com)* dokumentiert mit der Digitalkamera die kulturellen Veränderungen seiner Heimat und *Muzna al-Musafer (vimeo.com/user11581153)* setzt sich in ihren Kurzfilmen mit gesellschaftlichen Themen auseinander. Die *Stal Gallery (So–Do 10–18 Uhr, Fr/Sa nach Vereinb. | al-Inshira St. | Madinat Sultan Qaboos | www.stalgallery.com)* gibt ihnen und anderen Künstlern eine Plattform. Eine eher konservative Interpretation omanischer Motive zeigt Ibtihaj al-Harthy in der *Galerie MuscArt (So–Do 10–13 u. 15–18 Uhr | 18th November St. | Muscat | www.muscart.net)*.

2 Süße Versuchung

Handgemachte Schokolade Salma al-Hajri und ihre Tante Aisha besannen sich auf der Suche nach einer Geschäftsidee ihrer Vorliebe für Süßigkeiten: Die beiden omanischen Frauen absolvierten eine Ausbildung zum Chocolatier. Anschließend studierten sie die traditionellen Rezepturen ihrer Heimat, besorgten sich Gewürze und Zutaten wie edle Datteln, feinstes Rosenwasser, wilden Honig, saftige Orangen – und kreierten ihre eigene, handgemachte Schokolade. Das Ergebnis begeistert die Omanis: Mittlerweile stellt die Firma der beiden Damen monatlich 400 kg ausgesuchter Köstlichkeiten in mehr als 30 verschiedenen Geschmacksrichtungen her. Sie können das gesamte Sortiment in *Salmas Laden (Sa–Do 8–18 Uhr | Way 1147, nahe dem Flughafen | Muscat | www.facebook.com/SalmasChocolates)* naschen und probieren. Eine Auswahl finden Sie außerdem in den Filialen der Supermarktkette *Al Fair.*

In Oman gibt es viel Neues zu entdecken. Das Spannendste auf diesen Seiten

Sauer macht lustig

3

Erfrischender Mix Frische Säfte sind nicht gerade etwas Neues in Oman. Eine Tatsache, die nicht weiter verwundert, schließlich wächst und gedeiht ja eine Fülle an Früchten wie Mangos, Papayas, Granatäpfel oder Bananen im Land. Dennoch hat sich in den vergangenen Jahren bei den frisch zubereiteten Durstlöschern ein klarer Favorit an die Spitze gesetzt, der auf keiner Speise- bzw. Getränkekarte mehr fehlen darf – der *Lemon-Mint-Juice* (Zitronen-Minz-Saft, Foto). Ob es an der Zitronensäure liegt, die ja bekanntlich lustig machen soll, oder an der erfrischenden Wirkung des Menthols, das aus der Minze kommt, ist schwer zu sagen – probieren Sie es einfach selbst, z. B. in den *Saftläden vor dem Souk in Mutrah!*

On the Road

4

Motorräder Grundsätzlich mögen Omanis alles, was schnell und laut ist. Deshalb war es schon ein wenig erstaunlich, dass bis vor Kurzem außer den kleinen Mopeds der indischen Zeitungsverkäufer selten große Motorräder auf den Straßen des Landes zu sehen waren. Gut, im Sommer bei 45° C ist das Bike nicht die erste Wahl, aber in der kühleren Jahreszeit? Inzwischen scheinen omanische Jungs aber gemerkt zu haben, dass man im Winter bei angenehmen Temperaturen schöne Touren unternehmen kann, und die Verkaufszahlen der Maschinen steigen. Bei *Rent Motorcycle Oman (Tgl. 8–20 Uhr | The Wave, Way 449 | Muscat | Tel. 99899954 | www.rentmotorcycleoman.com)* kann man inzwischen von der mächtigen Harley Davidson bis zur robusten Geländemaschine unterschiedlichste Motorräder für alle Gelegenheiten mieten.

FAKTEN, MENSCHEN & NEWS

BAUM DES LEBENS

Ein Fitzel von dem Batzen Lehm, aus dem er den Menschen erschaffen hatte, war noch übrig und flugs formte Allah daraus ... die Dattelpalme. Dass sie zwar etwas zickig in der Pflege ist und viel Wasser braucht – geschenkt! Die Araber verehren sie trotzdem als Baum des Lebens. Die Frucht enthält fast 50 Mineralien und ihr Zuckergehalt macht sie lange haltbar, was den Beduinen auf ihren langen Wegen durch die Wüste ebenso half wie den omanischen Seeleuten bei ihren ausgedehnten Reisen übers Meer. Letztere behielten dadurch nämlich ihre Zähne, ganz im Gegensatz zu ihren europäischen Kollegen, die der Skorbut zum Suppeschlürfen verdammte. Mediziner untersuchen derzeit sogar, ob der hohe Dattelkonsum etwas mit der geringen Zahl an Krebserkrankungen in Arabien zu tun haben könnte. Doch damit nicht genug: Die Palme war Schattenspender und lieferte Baumaterial, aus dem Stamm fertigte man Dachbalken und Fensterrahmen, aus den Blättern entstanden Bodenmatten oder Tragkörbe. Weil sie außerdem für jedermann erschwinglich war, gaben die Omanis ihr darüber hinaus den ehrenvollen Titel *Umm al-Faqir* – „Mutter der Armen".

MEHR ALS BEDUINEN

Sie müssen jetzt ganz stark sein – aber die Bilder aus den alten Karl-May-Romanen und Hollywood-Monumentalschinken mit stolzen Beduinen auf Kamelen mit bunten Troddeldecken wer-

Bild: Männer beim Dominospiel

Eine Gesellschaft ohne Vergangenheit hat keine Zukunft – Omans gelungener Spagat zwischen Tradition und Moderne

den Sie eher nicht erleben. Erstens sind diese längst umgestiegen in Geländeautos. Zweitens wird der Begriff „Beduine" allzu freizügig verwendet, denn diese definieren sich im Wesentlichen über drei Kriterien: Abstammung, Kamelzucht und Nomadenleben in der Wüste – was sie ebenfalls aufgegeben haben.

Der Begriff passt also nicht, weder zu den Einwohnern der Städte noch zu den Menschen in den Hajarbergen oder an der Küste. Noch weniger passt er zu den dunkelhäutigen Nachfahren afrikanischer Sklaven und den „Sansibaris" – die Insel gehörte lange zu Oman. Letztere sind stolz auf ihre Rolle beim Wiederaufbau des Landes: Da sie Zugang zu afrikanischen Schulen und Universitäten hatten und deshalb über die nötige Bildung verfügten, vertraute Sultan Qaboos ihnen u. a. den Aufbau einer funktionierenden Verwaltung an. Und dann sind da ja noch die Gastarbeiter – Syrer, Ägypter, Inder, Pakistaner, Amerikaner und Europäer –, die rund 20 Prozent der Einwohner ausmachen – und alles sind, nur keine Beduinen!

WAHRHAFTIGES SEEMANNSGARN

Wissen Sie, was den deutschen Flugpionier Gustav Weißkopf mit dem omanischen Navigator Ahmed bin Majid verbindet? Beide leisteten Pionierarbeit, für die andere in die Geschichtsbücher eingingen. Weißkopf soll zwei Jahre vor den Gebrüdern Wright der erste Motorflug gelungen sein und Ahmed bin Majid soll der Navigator gewesen sein, der dem Portugiesen Vasco Da Gama, dem „Entdecker des Seewegs nach Indien" Ende des 15. Jhs., überhaupt erst den Weg gewiesen haben soll.

Wobei bin Majid wohl nicht der Erste war: Omanische Seeleute beherrschten seit dem 8. Jh. den Indischen Ozean und segelten bis nach China, wo sie erfolgreich Handel trieben. Marco Polo schien davon keine Kenntnis zu haben, denn belustigt attestierte er den omanischen Schiffen Seeuntauglichkeit: Ihre Planken seien mittels Kokosseilen „angenäht". Eiserne Nägel lernten Omans Schiffbauer tatsächlich erst durch die Portugiesen kennen. Weil sie auch verschiedene Stilelemente übernahmen, kamen die traditionellen Holzschiffe, die Dhaus, mit der heute noch omanische Fischer und Touristen auslaufen, zu ihrem Aussehen.

Es heißt, in Bahla regierten Geister. In der größten Festung des Landes haben sie jedenfalls Platz

DIE LEOPARDENLINIE

Den Omanis ging es 1962 wirtschaftlich miserabel. Der alte Sultan Said bin Taimur saß in seinem Palast in Salalah und unternahm – nichts. Schließlich erhob sich die Bevölkerung des Dhofar gegen den Regenten, und durch die Einmischung des kommunistischen Süd-Jemen eskalierte der lokale Konflikt zum Dhofarkrieg. Als dieser 1970 auf den ölreichen Nord-Oman überzugreifen drohte, löste Sultan Qaboos seinen

Vater auf dem Thron ab und traf zahlreiche Maßnahmen, um den Krieg 1975 zu beenden. Er sprach u. a. eine Amnestie für die gegen seinen Vater kämpfenden Omanis aus, die mehrere hundert Männer in Anspruch nahmen. Aus deren Reihen wurde die heute noch existierende Militäreinheit *firqa* gebildet, deren türkisfarbene Stationen über das gesamte Dhofargebirge verteilt sind.

Tragische Konsequenzen hatte dagegen eine zweite Maßnahme der Militärs: Sie verlegten (inzwischen längst geräumte) Minengürtel wie etwa die „Leopardenlinie", um die Nachschubwege aus dem Süd-Jemen zu unterbinden. Kurz nach Kriegsende kam der englische Archäologe Andrew Williams durch eine dieser Minen ums Leben, als er mit seinem Wagen darüberfuhr.

UNMUSIKALISCHE PLATTEN

Wenn Sie bei Plattentektonik jetzt an etwas „mit Musik" denken, haben Sie in der Schule in Erdkunde echt nicht aufgepasst. Also, folgende Grundlage: Die Kontinente driften als Platten auf der Erdkugel, mal voneinander weg, mal aufeinander zu. Zwischen den Platten liegen die Ozeane, deren Boden als Ophiolit bezeichnet wird. Nun muss dieses Gestein ja irgendwohin, wenn die Platten aufeinander zudriften. Normalerweise wird es *unter* die Kontinente gedrückt – Ihr Lehrer nannte das Subduktion. In Oman gab's nun eine Ausnahme: Das dunkle Ophiolitgestein wurde vor etwa 90 Mio. Jahren *auf* die Platte geschoben, eine sogenannte Obduktion. Die hatte zur Freude von Geologen (und Touristen) mehrere Folgen. Erstens bildete sich das Hajargebirge, zweitens lagerten sich Gesteine und darin eingeschlossene Mineralien ab, die interessante Informationen über unseren Planeten und seine Entstehung enthalten und an die man sonst nirgends auf der Erde herankommt. Drittens können Sie auf Ihrer Reise phantastische Formationen, bizarre Farben, senkrecht stehende Felsplatten und versteinerte Muscheln in 2000 m Höhe bewundern!

FEHLENDE LEICHTIGKEIT

Beim Thema Islam gibt es seit Längerem fast nur negative Schlagzeilen, von Intoleranz und Gewalt ist viel die Rede. Es fehlt die Leichtigkeit im Umgang miteinander. Dabei geht es durchaus anders, wie Sie in Oman erleben werden. Dort bestimmen zwar auch religiöse Werte und Normen das tägliche Leben, aber nicht fanatisch. So werden die täglich fünf vorgesehenen Gebete – die längst nicht alle Omanis abhalten, obwohl sie gläubig sind – z. B. (auch) als eine Art Meditation betrachtet, die den Menschen eine kurze Auszeit von der Hektik des Alltags ermöglicht. Man ist stolz auf seine eigenen theologischen Wurzeln, die im 7. Jh. vom Gelehrten Abdullah ibn Ibad in Basra im heutigen Irak entwickelt worden sind, weshalb sich Omanis als Ibaditen bezeichnen und nicht als Sunniten oder Schiiten. Geprägt sind die Auslegungen Ibn Ibads von Toleranz und gegenseitigem Respekt. Deshalb herrscht auch Religionsfreiheit, und wenn Sie möchten, können Sie am Sonntag in die Kirche gehen – in Muscat und Salalah stehen Gotteshäuser beider christlicher Konfessionen!

KEINE ENTFÜHRUNGEN

Ja, so ist das wohl: Der Sultan ist Premier-, Finanz-, Außen- und Verteidigungsminister in einer Person, es gibt keine Parteien, keine Gewerkschaften und auch kein gesetzgebendes Parlament. Klingt schlimmer, als es ist: In den vergangenen 40 Jahren bestand die Politik von Sultan Qaboos etwa darin, aus der nicht immer homogenen Stammesgesellschaft eine Nation mit Gemeinschaftsgefühl zu formen, deren äußere Symbole u. a. eine neue Nationalhymne und eine neue Landesflagge sind. Für Sie als Gast bedeutet es, dass Sie sicher reisen, da Sie keine Entführungen wie im benachbarten Jemen fürchten müssen, wo die Stämme bis heute autonom sind. So, wie der Sultan sein Land wirtschaftlich in die Moderne führte, nämlich behutsam, tut er es auch politisch. Durch die Etablierung von Regierungsgremien (Ministerrat, Volksvertretung) und Beteiligung der Bevölkerung durch aktives und passives Wahlrecht wandelt sich Oman stetig von der absoluten zur konstitutionellen Monarchie.

HAT ER – ODER NICHT?

So etwas wie eine Boulevardpresse gibt es in Oman nicht und das Privatleben des 1940 geborenen Sultans ist tabu! Absolut. Deshalb weiß außer ihm niemand, ob er nun einen leiblichen Nachfolger hat – oder eben nicht. Das tut seinem Ansehen keinen Abbruch, hat er doch dem Begriff „Landesvater" alle Ehre gemacht. Da verzeiht man ihm, dem Klassikliebhaber, auch mal den teuren Bau der opulenten Oper. Geboren und aufgewachsen ist Sultan Qaboos im Schatten der dhofarischen Palmen, sein Rüstzeug für die Regentschaft lernte er an englischen Universitäten und der Militärakademie in Sandhurst – die ihn für ein halbes Jahr auch in Deutschland stationierte. Wo es ihm so gut gefiel, dass er sich in Garmisch eine Residenz einrichtete und dort ein gern gesehener Gast ist, denn er bringt dann schon mal sein Orchester mit und lässt aufspielen. Aber wie gesagt, Privates ist absolut tabu, und da bis 1970 das omanische Volk nichts von Sultan Qaboos' Existenz wusste, wäre es durchaus denkbar, dass er vielleicht doch einen leiblichen Nachfolger ...

EIN HERZ FÜR TIERE

Vom Reiseleiter nach dem Grund ihrer schlaflosen Nacht im Zelt gefragt, lautete die überraschende Antwort der Teilnehmerin: aus Angst vor den Leoparden! Lachen Sie nicht – die gibt es tatsächlich, allerdings sind sie so selten, dass ihr Aussterben befürchtet werden muss. Ein ähnliches Schicksal droht leider auch den wilden Bergziegen Nordomans, den *tahr*. Etwas besser geht es den eleganten Oryxantilopen, den kleinen arabischen Gazellen und den verschiedenen Arten von Meeresschildkröten, die an Omans Küsten regelmäßig ihre Eier ablegen. Bemerkenswert ist, dass sich Sultan Qaboos bereits in den 1970er-Jahren – als sehr viel drängendere Probleme zu lösen waren – auch um diesen Aspekt kümmerte und die ersten Naturschutzgebiete für die genannten Arten einrichten ließ.

GRABEN MUSS NIEMAND MEHR

Ein arabisches Sprichwort besagt, dass man einen Brunnen graben soll, bevor man Durst hat. Schön! Aber was, wenn da, wo man wohnt, gar kein Wasser im Boden ist? Dann zapft man eben unterirdische Bergquellen an und baut eines der aufwendigsten und beeindruckendsten Kanalsysteme der Welt, welches das Wasser über zig Kilometer zu den Siedlungen bringt. Dabei werden Schluchten und *wadis* überwunden und zwar so hoch oben an unzugänglichen Felswänden, dass die Kanäle von Regenfluten nicht weggespült werden können. Bis heute ist das 2500 Jahre alte *falaj*-System, das die Perser um 600 v. Chr. ins Land brachten, in Gebrauch und so erfolgreich, dass die Unesco gar nicht

anders konnte, als es 2006 in ihr Weltkulturerbe aufzunehmen.
Das Rückgrat der omanischen Wasserversorgung sind heute allerdings Meerwasserentsalzungsanlagen und ein Heer von blauen LKW, die die Wassertanks auf den Hausdächern befüllen – auf Musandam übernehmen Tankschiffe diese Aufgabe.

Ein Bild, das bald der Vergangenheit angehört? Erdölförderung in Oman

FLUCH UND SEGEN

War das nicht herrlich, im Frühjahr 2016 mal wieder volltanken zu können, ohne vorher im Lotto gewinnen zu müssen? Doch so breit das Lächeln europäischer Autofahrer angesichts niedriger Benzinpreise, so tief die Sorgenfalten des omanischen Wirtschaftsministers. Denn die Öl- und Gasreserven Omans sind bis heute die wichtigste Einnahmequelle, und früher waren sie ein Segen, ohne den der Aufschwung so nie möglich gewesen wäre.

Der jüngste Preisverfall machte die eklatante Abhängigkeit Omans vom Energiemarkt deutlich: Der Etatverlust des Landes betrug zeitweise 40 Prozent des geplanten Budgets. Ein weiterer Fluch waren und sind die begrenzten Arbeitsplätze in diesem Wirtschaftszweig, denen eine hohe Zahl arbeitsloser Jugendlicher gegenübersteht. Andere Bodenschätze gibt es in Oman kaum, Fischerei und Landwirtschaft bieten ebenfalls nur begrenzte Möglichkeiten und sind zudem stark subventioniert – dank Erdöl. Eine Maßnahme gegen die Arbeitslosigkeit ist die Omanisierung: staatlich verordnete Mindestbeschäftigung in allen Industriezweigen, so auch im Tourismus, einem der großen Hoffnungsträger für die Zukunft. Leicht wird es nicht, denn irgendwann ist Schicht an den Bohrlöchern. Und dann müssen Oman und seine Nachbarn ölunabhängig sein.

ESSEN & TRINKEN

Kamelmilch, Dattelpaste, indisches Hühnchencurry oder einen Hamburger: Essen Sie doch, was sie wollen! Die kulinarische Vielfalt Omans ist – dank Seefahrerhistorie und Gastarbeiterzulauf – riesig. Zu den klassichen Zutaten des Landes zählen die in den Gärten der Küstenebene oder ***im Schatten der Dattelhaine*** am Wüstenrand angebauten Obst- und Gemüsesorten wie etwa Kohl, Auberginen, Zucchini und Tomaten. Die von den Terrassenfeldern der höher gelegenen Bergoasen stammenden Granatäpfel, Walnüsse oder Weintrauben ergänzen den Speiseplan. Im Süden Omans sind es Kokosnüsse, Mangos und Papayas. Dazu gibt es Fisch *(samak)* oder Fleisch *(lahm)*, wobei im Alltag Huhn, Ziegen- oder Lammfleisch auf den Tisch kommen, da man die Milch gebenden Kamele nur zu besonderen Anlässen wie Hochzeit oder Geburt schlachtet.

Ein einfaches Alltagsgericht ist der sehr nahrhafte, ***aus Fleisch und Weizen gekochte harees*** – Brei. Dazu gab es früher knuspriges, auf einer flachen Scheibe über offenem Feuer gebackenes Brot *(khubs rakhal)*, das jedoch vom typisch arabischen Fladenbrot *(khubs lubnani)* sowie indischen Brotvarianten wie *paratha* oder *chapati* abgelöst wurde.

Für europäische Gaumen sehr gewöhnungsbedürftig ist getrockneter Hai, der aufgrund seiner langen Haltbarkeit vor allem bei den Beduinen sehr beliebt war. Man bekommt ihn noch heute überall auf den Märkten zu kaufen. Dank staatlich organisierter Kühltransporte gibt es

Bild: Labneh mit Olivenöl

Die omanische Küche vereint Köstlichkeiten des Orients mit dem Zauber exotischer Gewürze zu einem Fest für den Gaumen

aber jede Menge ***frischen Fisch***, darunter Thunfisch oder Makrele.
Sehr aufwendig ist *shoowa* und wird deshalb ***nur an Feiertagen zubereitet***: Jedes größere Dorf verfügt dafür über eine Feuergrube, die zwei bis drei Tage ordentlich geschürt wird. Währenddessen würzen die Einwohner ihre Ziegen- oder Lammfleischportionen mit einer Marinade aus Salz, Pfeffer, Limetten- oder Zitronensaft, Datteln und manchmal auch Honig und wickeln sie in Bananenblätter. Ist ordentlich Glut vorhanden, werden alle Portionen gleichzeitig hineingeworfen und die Grube luftdicht abgedeckt. Nach 12 bis 24 Stunden ist das Fleisch wunderbar zart und saftig. Abgerundet wird ein traditionelles Essen mit *qahwa* – dem ***arabischen Kaffee mit Kardamom aus der Schnabelkanne (dalla)***, der ungesüßt in kleinen Schälchen serviert wird. Ist man als Gast zu einem *qahwa* nach Hause eingeladen, gibt es vorab immer Datteln und eine Schale Obst. Überhaupt ist die ***Dattel*** in der omanischen Küche allgegenwärtig, sei es als Beilage zu

SPEZIALITÄTEN

SPEISEN

baba ghanoush – Püree aus gegrillten Auberginen und Sesamöl
biryani – Reisgericht, entweder mit Fleisch, Fisch oder Gemüse
bizar – Gewürzmischung aus Kardamom, Zimt, Pfeffer und Nelken
daal – indisches Linsengericht mit Kokosmilch und Curry (Foto li.)
halwa – traditionelle Süßspeise aus Butter, Zucker, Eiern, Gewürzen und Nüssen
harees lahm – ein aus Fleisch und Weizen gekochter Brei
hummus bi tahina – Püree aus Kichererbsen mit Sesamsauce
khub lubnani – das typische Fladenbrot
mishkak – Spieße mit gegrilltem Fleisch und würziger Sauce
samosa – mit Fleisch oder Gemüse gefüllte, dreieckige Teigtaschen aus Indien oder Pakistan
shawarma – arabische Ausgabe des Döner mit Hühner- oder Rindfleisch
shoowa – in einer Feuergrube bis zu 24 Stunden lang gegartes Fleisch (Foto re.)
tamar – Datteln
umm ali – Dessert aus Blätterteig, Milch, Nüssen, Rosinen, Zucker und Zimt

GETRÄNKE

karak – indischer Gewürztee
qahwa – arabischer Kaffee (meist mit Kardamom)
shai haleeb – schwarzer Tee mit Dosenmilch
shai suleimani – schwarzer Tee

Fischgerichten, als entkernte Paste oder als erste Speise beim abendlichen Fastenbrechen im Ramadan.
Allerdings waren die Omanis nicht allein auf ihre lokalen Naturprodukte beschränkt. Vielmehr verstanden sie es seit Jahrhunderten – dank ihrer ***internationalen Seefahrertätigkeit*** – den Speiseplan mit Zutaten aus dem fernen China, Indien oder ihren ostafrikanischen Besitzungen erheblich zu erweitern. An erster Stelle ist natürlich der unverzichtbare ***Reis*** zu nennen, im Supermarkt sogar in stammesfreundlichen 20-Kilo-Säcken erhältlich! An zweiter Stelle folgen die ***unzähligen Gewürze***, vor allem indische Curry- und Masala-Mischungen, die es in verschiedenen Schärfegraden zu kaufen gibt. Omanis mögen es grundsätzlich eher ***weniger scharf***, weshalb auch Eu-

ropäer bedenkenlos in den vielen indischen und pakistanischen Restaurants entlang der Überlandstraßen und in den Ortschaften einkehren können. Sollte es doch mal eine Chilischote zu viel sein, sorgt Joghurt *(rob)* für Linderung.

Mit dem wirtschaftlichen Aufschwung nach 1970 erfuhr die omanische Küche nochmals eine Erweiterung. Denn nun kamen **Gastarbeiter aus Ägypten, Jordanien, Syrien oder dem Libanon** und brachten schmackhafte Spezialitäten wie *hummus*, *baba ghanoush* oder *falafel* mit, die sich heute großer Beliebtheit erfreuen. Natürlich fehlen mittlerweile auch Tiefkühlkost und Fast-Food-Ketten nicht – worüber manche Omanis aber nicht begeistert sind. Ihrer Meinung nach mag die Auswahl früher kleiner gewesen sein, dafür war das Essen aber gesünder. Die großen Hotelketten bieten zu den Hauptmahlzeiten grundsätzlich internationale Küche à la carte oder als Büfett an. Während die Omanis in der Regel etwas **Brot, Ziegenkäse und Tee frühstücken**, erwartet den Gast auch in einfacheren Unterkünften ein kontinental ausgerichtetes Frühstück mit Marmelade, Säften und sogar Müsli. Während des **Fastenmonats Ramadan** müssen nichtmuslimische Hotelgäste übrigens auf keine Mahlzeit verzichten, denn die Restaurants werden dann entweder mit Tüchern verhüllt oder in die oberen Stockwerke verlegt.

Aufgrund des Klimas ist Wasser natürlich das wichtigste Getränk und man bekommt es überall in Flaschen, überwiegend ohne Kohlensäure. „Mit" gibt es nur in Dosen. **Schwarzer Tee** wird zu allen Tages- und Nachtzeiten getrunken, allerdings ohne eine großartige Zeremonie, wie man sie aus anderen Ländern kennen mag. Heißes Wasser auf profane Teebeutel – fertig. Eine Ausnahme ist indischer INSIDER TIPP *karak*-Tee, der mit viel Dosenmilch, einem Schuss Ingwer, Kardamom, Zimt und je nach Hausrezept einer Prise Safran gekocht wird. Die meisten Restaurants servieren zum Nachtisch Nescafé, den traditionellen *qahwa* eher selten. Den gibt es entweder bei privaten Einladungen oder in größeren Hotels. Für

Wie wär's mit einer süßen Dattel zum Schälchen *qahwa?*

einen schwächelnden Kreislauf ist das **joghurtähnliche Getränk laban** ein guter Stabilisator, besonders die salzige Variante. **Labneh** ist seine entwässerte Form, der frischkäseähnliche Rahmjoghurt wird mit Olivenöl serviert. Neben der obligatorischen Cola lieben Omanis alle Arten von pappsüßen Limonaden. Viele Restaurants bieten **frische Säfte** an, besonders beliebt ist der Zitrone-Minz-Mix *(Lemon-Mint-Juice)*. Alkohol gibt es nur in wenigen lizenzierten Restaurants und in größeren Hotels.

EINKAUFEN

Wie man handwerklich aus sehr wenig sehr vielseitige und kunstvoll-schöne Dinge des täglichen Lebens herzustellen vermag, darin haben es die Omanis im Lauf der Jahrhunderte zur wahren Meisterschaft gebracht. In vielen Bereichen ist diese Kunstfertigkeit – auch dank staatlicher Förderung – bis heute erhalten geblieben und z. B. auf den Märkten von Mutrah, Nizwa, Ibra und Salalah zu bewundern. Oder direkt vor Ort wie etwa an der Straße auf den Jebel Shams, wo Teppichweber ihre Produkte verkaufen.

Indische und pakistanische Händler erweitern seit Jahrhunderten das Warenangebot um geschmeidige Stoffe, farbenfrohe Kleidung und duftende Gewürzmischungen.

Shopping ist eine der beliebtesten Freizeitbeschäftigungen im Sultanat, weshalb derzeit allerorten neue Konsumtempel ihre Pforten öffnen. In den klimatisierten Hallen geht es keineswegs nur ums Einkaufen, hier finden Sie Kinos, Restaurants, Cafés, Eislaufbahnen, Bowlingcenter, Bankautomaten. Und während es auf den Souks die leckeren Datteln in ihrer natürlichen Form zu kaufen gibt, finden sich hier Geschäfte mit innovativen Kreationen mit Schokolade und Nüssen. Jeder kleinere Ort verfügt zudem über einen Supermarkt, in dem Sie alles Lebensnotwendige bekommen. Übrigens: Bei Kleinkram lohnt das Handeln in der Regel nicht. Bei wertvollen Dingen wie Schmuck oder Dolchen kann man schon mal mit einem um ein Drittel des verlangten Preises reduziertes Angebot in die Verhandlung einsteigen.

DÜFTE DES ORIENTS

„Ein guter Geruch macht das Leben leichter" ist eine Devise, der man noch heute folgt. Deshalb gibt es in Oman nicht nur viele Parfümerien mit den Düften aus aller Welt, sondern immer noch zahlreiche Geschäfte mit Ölen, Essenzen und Räucherstoffen wie Weihrauch, Myrrhe oder Sandelholz. Erste Adresse ist natürlich der *Souk al-Luban*, der Weihrauchmarkt, in Salalah. Das teuerste Wässerchen ist *Amouage*, in dessen ursprünglicher Kreation alle Düfte Omans vereint sind.

KUNSTHANDWERK

Ein Schmuckstück sind die aus Gräsern geflochtenen Schüsseln wie sie z. B. von Frauen aus dem Küstenort Shuwaymiyah hergestellt werden. Sie sind wasserdicht, da sie auch als Melkschüsseln für Kamel-

Schwerer Beduinenschmuck, ziselierte Silberdolche, zartes Dattelkonfekt oder Düfte des Morgenlands – Oman verwöhnt die Sinne

milch verwendet wurden, und an ihrem Boden aus braunem Ziegenleder leicht zu erkennen. Der Ort Bahla nahe Nizwa ist für seine Töpferwaren bekannt – überall im Land hängen die bauchigen, ca. 50 cm hohen Wasserkrüge mit dazugehörigen Bechern. Leichter nach Hause zu transportieren sind die kleinen Teelichthalter, durch deren Deckel orientalische Lichtmuster entstehen. Neben Teppichen verkaufen die Menschen am Jebel Shams auch bunte Schlüsselanhänger, deren geflochtene Ledervariante man auch in der Wahiba-Wüste oder auf den Beduinenmärkten von Sanaw oder Ibra findet.

SILBERSCHMUCK

Den Rohstoff für ihre Schmuckstücke gewannen omanische Silberschmiede früher vor allem aus den Maria-Theresia-Talern, die als Zahlungsmittel in ganz Arabien wegen ihres hohen und beständigen Silbergehalts von etwa 23 g sehr beliebt waren. Man findet sie heute noch einzeln oder z. B. als Zierelement an schweren Halsketten. Außerdem fertigte man bis zu 500 g schwere Fuß- und Armreifen, Fingerringe, filigrane Ketten und kleine Schmuckkästchen, in denen Koranverse als Schutz gegen Krankheiten oder Neid aufbewahrt wurden. Antiker Schmuck ist meist teuer. Typisch sind die Dolche Omans mit ihren filigran verzierten Griffen und der aufwendig gearbeiteten Scheide vor allem aus Nizwa.

STOFFE

Feinste Paschminawolle, flauschiges Kaschmir, federleichte Seidenstoffe in allen Farben aus China, Indien oder Vietnam, Baumwollstoffe aus aller Herren Länder, gemustert, gestreift, kariert – in Oman gibt es bis hin zur Kunstseide fast alles beinahe überall zu kaufen, in den größeren Orten ist die Auswahl natürlich breiter gefächert. Indische Schneider sind nicht weit und fertigen Hemden, Hosen oder Jacken binnen weniger Tage.

MUSCAT & CAPITAL AREA

> **CITY WOHIN ZUERST?**
> Mitten rein ins orientalische Leben: Starten Sie Ihre Besichtigung der Hauptstadtregion an der **Corniche von Mutrah (U D–E 3–4)** ***(d–e 3–4)*** am Meer (Parkplätze entlang der Straße und vor dem Naseem Hotel). Sie schlendern zum Souk und zum Fischmarkt, beide nur wenige Minuten zu Fuß voneinander entfernt. Zum neuen Nationalmuseum, dem Sultanspalast und den Festungen Jalali und Mirani führt eine kurze Taxifahrt. Der Busbahnhof liegt im Stadtteil Ruwi, hier kommen Busse aus Nizwa, Sur oder Salalah und (Sammel-)Taxis an.

Nein, mit der Muskatnuss hat der Name der omanischen Hauptstadt gar nichts zu tun. Frei übersetzt bedeutet er „Platz zum Ankern" – ein Hinweis auf Muscats Lage in einer wettergeschützten Bucht. Wobei es sich genau genommen um zwei geschützte Buchten handelt, die in strategisch guter Lage an den Handelsrouten zwischen Indien, Afrika und der Golfregion lagen. Aus der einen entwickelte sich das Soukviertel Mutrah, aus der anderen der Hafen Muscat – heute auch als Alt-Muscat bezeichnet. Die Buchten, die bis 1970 den Kern der Hauptstadt bildeten, gehören im wahrsten Sinne des Wortes zu den heißesten Flecken der Erde: Dass hier im Sommer „das Schwert in der Scheide schmelze und der Griff zu Kohle verglühe", kann man in einem por-

Bild: Royal Opera House

Malerische Minarette mit Kirchturmuhr zwischen feinen Sandstränden, kantigen Felsen und dem größten Souk des Landes

tugiesischen Brief nachlesen. Tatsächlich sind beide Buchten von windabweisenden Bergrücken umgeben, die im Sommer für Hitzestau sorgen. Damals waren die Ebenen und *wadis* um Mutrah und Muscat unbewohnt, die nächste Stadt Seeb einen neunstündigen Kamelritt entfernt. Und noch bis 1970 ließ der alte Sultan die Tore in der Stadtmauer bei Sonnenuntergang schließen.

Heiß ist es immer noch, aber nun erleichtern Klimaanlagen das Leben der rund 800 000 Einwohner. Auch alles andere ist lange her: Heute liegt in einem der früher leeren *wadis* das zentrale Wirtschaftsviertel Ruwi, in den anderen sind moderne Wohn- oder Industrieviertel gewachsen und nach Seeb mit dem internationalen Flughafen fährt man in einer halben Stunde auf zwei mehrspurigen Autobahnen. Weil die rauen Bergrücken des Hajargebirges den Platz arg begrenzen, wuchs die neue Hauptstadt nach dem Amtsantritt von Sultan Qaboos 1970 vor allem in die Länge. Mehr als 100 km dehnt sie sich mittlerweile

Kenntnisreiche Blicke taxieren den Fang des Tages: im Hafen von Mutrah

von den beiden historischen Buchten über die westlichen Vororte wie Qurum, Baushar, Madinat Sultan Qaboos oder al-Athaiba aus. Dort findet man neben moderner Infrastruktur auch die neueren Sehenswürdigkeiten wie etwa die Sultan-Qaboos-Moschee und interessante Museen. Muscat wächst weiter und scheinbar ist auch der Name zu klein geworden – immer öfter hört man auch den Begriff *capital area*: Hauptstadtregion.

ALTSTADT MUSCAT

KARTE IM HINTEREN UMSCHLAG (U A–C 1–3) (*a–c 1–3*) **Weil die Bucht von Muscat für die großen Handelssegelschiffe idealer Ankerplatz war, wurde sie ab 1800 immer wichtiger und der Regierungssitz vom Inland an die Küste verlegt.**

Mit Beginn der Dampfschifffahrt und der Einweihung des Suezkanals verlagerten sich die Handelsrouten, der Hafen verlor an Bedeutung. Beim Regierungswechsel 1970 war der Verwaltungsapparat so klein, dass er ausreichend Platz in der Altstadt fand. Heute arbeiten hier u. a. noch der Finanzminister und der Royal Diwan (das Sekretariat des Sultans), weshalb es in den Nachmittagsstunden in diesem westlichen Stadtteil angenehm ruhig ist. Die Gebäude sind teilweise historischen Ursprungs und makellos restauriert. Die Prachtallee vor dem Sultanspalast ist etwas zu pompös ausgefallen, und weil ihr einige alte Häuser weichen mussten, hat der liebliche Charme vergangener Tage einen leichten Dämpfer versetzt bekommen.

SEHENSWERTES

BAIT AL-ZUBAIR

Welchen Dolch trägt der Herr zu welcher Gelegenheit? Das Museum aus dem privaten Fundus der einflussreichen Zubair-Familie widmet sich ausführlich der Kulturgeschichte Omans. Sehenswert sind u.a. historische Waffen, Münzen, Briefmarken, traditioneller Schmuck und besagte verzierte Dolche. INSIDER TIPP Originale Kleidungsstücke zeigen, was man(n)/frau so in den verschiedenen Regionen trug. Im Innenhof des 1914 errichteten Gebäudekomplexes gibt es ein Café und einen Souvenirladen, der Literatur, Postkarten und T-Shirts verkauft. *Sa–Do 9.30–18 Uhr | Einritt 2 RO | al-Bahri Rd. | www.baitalzubair.com*

FESTUNGEN MIRANI UND JALALI

Zum Schutz des Hafens errichteten die Portugiesen gegen Ende des 16. Jhs. diese beiden Festungen, wahrscheinlich auf Fundamenten bereits existierender Anlagen. Jalali auf der gegenüberliegenden Hafenseite diente nach der omanischen Rückeroberung u. a. als Gefängnis, heute ist dort das private Museum des Sultans untergebracht.

Die auf den Felsen neben der Festung erkennbaren Schiffsnamen und Landesflaggen stammen noch aus der Zeit der Segelschiffe und wurden von den Besatzungen dort aufgemalt. In der Festung Mirani residiert heute die Königliche Garde. *Beide nicht zugänglich*

GATE MUSEUM

Achtung, Fake: Das vermeintlich historische Stadttor *(english gate)*, in dem das Museum untergebracht ist, stammt aus dem Jahr 2000. Erzählt wird die Geschichte der Stadt Muscat und wer sie im Lauf der Jahrhunderte regierte. *Sa–Do 9.30–11.30 u. 16.30–19 Uhr | Eintritt 1 RO | al-Bahri Rd.*

NATIONAL MUSEUM

So sieht es also bei Sultans zu Hause aus: Die 15 thematisch übersichtlich gegliederten und aufwendig ausgestatteten Hallen des neuen Nationalmuseums geben nicht nur Einblicke ins omanische Königshaus (samt Thronsessel), sondern auch in die Kulturgeschichte des Landes. Die Bedeutung des Hauses wird bereits an seiner Lage in einer verlängerten Achse gegenüber dem Sultanspalast deutlich. Als erstes Museum verwendet es arabische Blindenschrift. *Sa–Do 10–17, Fr 14–18 Uhr | Eintritt 5 RO | al-Saidiya St.*

MARCO POLO HIGHLIGHTS

★ **Sultan-Qaboos-Moschee**
Ein Gotteshaus, das rundherum beeindruckt → S. 43

★ **Souk von Mutrah**
Klar wird hier inzwischen auch Nippes vertickt. Sie müssen ja selbst nicht shoppen, dürfen aber ruhig mal in die Seitengassen linsen und gucken, was die Omanis da so kaufen → S. 39

★ **Strand von Qurum**
Spazieren Sie am längsten Strand der Hauptstadt und erleben Sie einheimische Fischer, fröhliche Fußballspieler und flanierende Familien beim Sonnenuntergang → S. 45

★ **Riyam Road**
Die hinreißende Aussicht von der ältesten Straße Omans sollten Sie sich auf keinen Fall entgehen lassen → S. 38

★ **Royal Opera House**
Doch, doch, man kann ein Opernhaus auch nur mit den Augen erleben. Schöner ist's aber, sie zu schließen und die Ohren genießen zu lassen → S. 43

OMANI-FRENCH MUSEUM

Ein Besuch lohnt sich vor allem wegen der Architektur des Hauses, da es nur noch wenige dieser traditionellen *baits* mit den zwei Stockwerken um einen Innenhof gibt. Es trägt den Namen *bait fransa*, da es Anfang des 20. Jhs. französischen Konsuln als Dienst- und Wohnsitz diente, ausgestellt sind deren Arbeitsutensilien und historische Dokumente. *Sa–Do 8–15 Uhr | Eintritt 500 bz | Qasr al-Alam St., Lane 9310*

QASR AL-ALAM (PALAST DES SULTANS)

An der Stirnseite der Bucht stand bereits der alte Lehmpalast, doch den ließ Sultan Qaboos 1970 abreißen und durch einen eigenwilligen, von einem indischen Architekten entworfenen Neubau ersetzen. Sehen Sie eine rote Fahne mit grünem Quadrat auf dem Dach, dann wissen Sie, dass Seine Majestät im Büro ist (die Sultansresidenz ist außerhalb der Stadt). Qasr al-Alam („Haus des Wissens") dient aber eher repräsentativen Zwecken bei Staatsbesuchen.

LOW BUDG€T

Zwischen 19 und 23 Uhr kann man für eine halbe Stunde Räder kostenlos an der *O'bike-Station gegenüber dem Riyam-Park (www.obike.org)* in Mutrah ausleihen. Das reicht locker für eine gemütliche Spazierfahrt entlang der Corniche.

Auf der Website der *Royal Opera (s. S. 43)* werden hin und wieder Gratiskonzerte omanischer Militärkapellen angekündigt.

Eine Führung im ● Besuchszentrum der *Parfümerie Amouage (s. S. 47)* ist kostenlos, informativ und man wird mit Datteln und *qahwa* begrüßt.

Das *Al-Rafee Restaurant (s. S. 40)* in Mutrah bietet ein günstiges *setmenue* mit *Lemon-Mint-Juice*, geröstetem Gemüse, Huhn, Fisch und Dessert.

ESSEN & TRINKEN

Im Altstadtviertel von Muscat gibt es nur wenige Restaurants. Wer Zeit hat, fährt besser nach Mutrah.

AL-KHIRAN TERRACE RESTAURANT

Die sehr exklusive Adresse im Al Bustan Palace Hotel serviert jeden Abend einen anderen Kulinarikschwerpunkt. Besonders empfehlenswert: die omanische Nacht am Donnerstag. Alkoholausschank. *Tgl. 18.30–22.30 | Tel. 24 79 96 66 |* €€€

BLUE MARLIN RESTAURANT

Ob spätes Frühstück, Mittagessen, entspanntes Dinner oder einen *sundowner* mit Alkohol: Im Blue Marlin am Yachthafen werden Sie stets exzellent bedient. *Tgl. 8.30–23 Uhr | Marina Bandar Al Rowdha, al-Saidiya St. | Tel. 24 74 00 38 |* €€

EINKAUFEN

BAIT MUZNA GALLERY

Wechselnde Ausstellungen geben lokalen und internationalen Malern, Bildhauern und Fotografen eine Bühne. *Sa–Do 9.30–13.30 u. 16.30–20 Uhr | al-Bahri Rd., gegenüber Bait-al-Zubair-Museum | www.baitmuznagallery.com*

FREIZEIT & SPORT

BOOTSTAXI ZUM BADEN

Die Bucht von as-Sifah lohnt schon für sich allein einen Ausflug, noch besser wird er allerdings mit einer Bootsfahrt entlang der Küste. Angeboten wird der Service, der im Yachthafen startet, auch für Nichthotelgäste des *Sifawy Boutique Hotel* *(s. S. 38)*.

ÜBERNACHTEN

AL BUSTAN PALACE HOTEL

Keine Chance: In der obersten Etage eines der besten Hotels des Nahen Ostens bekommen Sie kein Zimmer – sie ist dem Sultan vorbehalten. Egal, die Lage am Strand ist schlicht grandios, der vor wenigen Jahren eingerichtete Wellnessbereich exklusiv und die Lobby auch für Nichthotelgäste ein Hingucker: Sie ist so hoch wie ein Jumbo-Jet lang ist. *250 Zi. | al-Bustan St. | Tel. 24 79 96 66 | www.ritzcarlton.com* | €€€

Regierungssitz mit Fahne, Schwertern und indischer Note: der Palast des Sultans

BOOTSTOUREN

Der Blick vom Wasser auf die Stadt und den Sultanspalast im alten Hafen ist bei tief stehender Sonne auf der Sunset-Tour von *Coral Ocean Tours (tgl. 16–18 Uhr | Tel. 94 11 00 88 | www.coraloceantours.com)* schlicht berauschend.

Von der *Almouj Marina (beim Flughafen | www.almoujmarina.com)* starten Touren auf die *Daymaniyat-Inseln* *(s. S. 52)*.

Die Bootsausflüge von der *Marina Bandar Al Rowdha (al-Saidiya St. | www.marinaoman.net)* haben unterschiedliche Ziele: am Nachmittag entlang der Küste, in den alten Hafen Muscat oder zum Hochseefischen. Sie können aber hier auch einfach nur Seeluft schnuppern, Yachten gucken oder essen gehen.

SHANGRI-LA BARR AL-JISSAH RESORT & SPA

Eine aus drei – mit genügend Abstand angelegten – luxuriösen Strandunterkünften bestehende, familienfreundliche Hotelanlage. *198 Zi. | al-Jissah St. | Tel. 24 77 66 66 | www.shangri-la.com* | €€€

AM RAND DER ALTSTADT

AQUARIUM

Im Aquarium des Marine Science & Fisheries Center sind u.a. Meeresschildkröten zu sehen, die man verletzt aus dem Meer geborgen hat und die hier aufgepäppelt werden. *Mo–Mi 8.30–14, Do 8.30–13, Fr 15–18 Uhr | Eintritt frei | in der Marina Bandar Al Rowdha*

QANTAB, YITI UND AL-SIFAH

Eine gut ausgebaute Straße verbindet die drei Orte, die an einem der schönsten Küstenabschnitte Muscats liegen. Wenige Kilometer nach dem ruhigen Fischerort *Qantab* verläuft sie durch eine abgelegene Bergwelt, passiert den Ort *Yiti* mit seiner derzeit im Bau befindlichen Hotelanlage, kratzt am mangrovenbestandenen Ufer der INSIDER TIPP *Bucht von Bandar Khayran* und endet am Sandstrand von *al-Sifah*, wo Sie prima baden können. Im kleinen Yachthafen des Orts gibt es Cafés und Restaurants. Das *Sifawy Boutique Hotel (55 Zi. | al-Sifah Rd. | Tel. 24749111 | sifawyhotel.com | €€)* bietet schöne Zimmer, die Hafen und Küste überblicken.

RIYAM ROAD ★

Zwischen der Altstadt von Muscat und Mutrah verläuft über eine kleine Anhöhe die erste befestigte, 1929 eröffnete Straße Omans – bis 1970 auch die einzige. Sie folgt jenen alten Eselspfaden, über die man die Waren vom alten Hafen Muscat zum Souk von Mutrah transportierte. Stellenweise ist die Originaltrasse noch erhalten und Sie haben einen schönen Blick auf den Sultanspalast und die Altstadt.

Vergangenheit voll Licht und Leben: Mutrah leuchtet, wie in 1001 Nächten zuvor

SCHIFF SINDBAD

Letzter Hafen Kreisverkehr: Vor dem Al Bustan Palace liegt der originalgetreue Nachbau einer omanischen Dhau und erinnert an die Reise des irischen Abenteurers Timothy Severin – der das Schiff auch bauen ließ – 1980 nach Kanton in China, um an Omans großartige maritime Vergangenheit zu erinnern. Das Besondere an dem Boot: Wie bei den Originalen wurde kein einziger Nagel verwendet.

MUTRAH

KARTE IM HINTEREN UMSCHLAG (U C–E 3–5) (*c–e 3–5*) **Mit der omanischen Renaissance nahm die Bedeutung dieses historischen Viertels zu, in dem seit Jahrhunderten der größte Souk des Landes liegt.**

Die Bucht von Mutrah, nur 4 km von jener in Alt-Muscat entfernt, aber durch einen steilen Bergrücken von ihr getrennt, ist größer als ihre Schwester. Weshalb hier der Container- und Militärhafen entstand, der aber längst verlegt wurde. Viel ist übrig vom alten Flair, zu dem u. a. die historischen Kaufmannshäuser aus dem 18. Jh. beitragen, die mit ihren Holzbalkonen die Corniche säumen. Sie gehören zum Liwatiyah-Viertel, das im 16. Jh. von schiitischen Handwerkern aus Pakistan gegründet wurde. Auch Omanis respektieren deren Bitte, das Viertel mit der Moschee und dem mit bunten Kacheln in schiitischer Tradition verzierten Minarett nicht zu betreten. Ein Relikt ist auch eine von ehemals zwei den Hafen bewachenden Festungen.

Von dem kleinen Wachturm an der Corniche gegenüber dem über dem Riyam-Park thronenden, riesigen weißen Weihrauchbrenner-Monument fangen Sie INSIDER TIPP famose Eindrücke mit der Kamera von der Mutrah-Bucht ein.

SEHENSWERTES

BAIT AL-BARANDA

Ein Haus mit interessanter Vergangenheit, denn sowohl Amerikaner als auch Briten nutzten es als politische Repräsentanz. Das moderne Museum behandelt – mit kleinen technischen Raffinessen und großer Bandbreite – jede Menge Themen rund um Muscat. *Sa–Do 9–13 u. 16–18 Uhr | Eintritt 1 RO | Corniche Rd. | baitalbaranda.mm.gov.om*

FISCH- UND GEMÜSEMARKT

Starten Sie doch mal Ihren Tag als Zuschauer beim fröhlichem Feilschen um frische Makrelen, Rochen, Thun- oder Schwertfische. Falls Sie eher auf kleine salzige Bällchen aus Ziegenkäse stehen: Schauen Sie auf dem *Gemüsemarkt* mit seinen lokalen Spezialitäten vorbei, der aufwendig neu gestaltet wird. Auf dem dahinterliegenden Areal des ehemaligen Container- und Militärhafens entstehen bis 2020 elegante Hotels, Restaurants und Geschäfte.

GHALYAS MUSEUM OF MODERN ART

Der Kunst ist in diesem kleinen, feinen Museum nur ein Raum gewidmet. Dafür zeigen seine in mehreren alten Häusern aus den 1950er-Jahren untergebrachten Ausstellungsräume das Alltagsleben ganz ungeschminkt. *Tgl. 9.30–18 Uhr | Eintritt 1 RO | Corniche Rd. | www.ghalyasmuseum.com*

SOUK VON MUTRAH ★

Der ehemalige Lehmboden wurde gefliest, die löchrigen Palmwedel wurden durch eine schöne Decke ersetzt und kleine Krämerläden, in denen man einzelne Zigaretten kaufen konnte, gibt es auch immer weniger. Trotz dieser Tendenz ist der Souk immer noch sehr stimmungsvoll. Denn gerade in den kleinen Seitengassen finden sich Gold- und Silberpreziosen, feine Stoffe, omanische Kleidung, edle Parfums, bunte Knöpfe, Töpfe, Tassen und Alltagsdinge – weshalb immer noch viele Omanis gerne hierherkommen. Haben Sie auch den Mut, Seitengassen zu erkunden. Verlaufen können Sie sich nicht: Entweder Sie stehen vor einem Berg oder am Wasser.

ESSEN & TRINKEN

Gegenüber dem Fischmarkt finden sich kleinere Restaurants, die frischen Fisch und pakistanische Küche servieren – gut und günstig! Am Eingang und im Mutrah Souk gibt's Sandwiches und frische Säfte.

AL-RAFEE RESTAURANT

Neben dem Blick auf den beleuchteten Hafen genießt man im indischen Restaurant zartes *butter-chicken*, frittiertes Gemüse und Fisch. *Tgl. | al-Bahri Rd., neben dem Souk-Eingang | Tel. 24713933 |* €

BAIT AL-LUBAN

Das edle Restaurant serviert gegenüber dem neuen Fischmarkt omanische Küche in orientalischem Ambiente, vor dem Balkon liegt Ihnen der Hafen zu Füßen. *Tgl. 12–23 Uhr | al-Mina St. | Tel. 24711842 | www.baitalluban.com |* €€–€€€

INSIDER TIPP CAFÉ CHEF A

Bei Omanis und Reisenden beliebtes Restaurant arabischer Prägung mit schönen Sitzgelegenheiten im Freien, besonders gutem *hummus* und hilfsbereiten Kellnern. Reservierung empfohlen. *Tgl. 11–23 Uhr | al-Bahri Rd. | Tel. 24714891 |* €–€€

Tante-Emma-Laden auf Arabisch: Händler im Mutrah Souk

CORNICHE CAFÉ

Links am Eingang zum Souk (Meerseite) führt eine kleine Treppe hinauf zur sympathischen Imbissstube mit Grillgerichten und Milchshakes. *Tgl. 10–22 Uhr |* €

LA BRASSERIE

Wer in Oman eine Ausflug in die gehobenere französische Küche machen möchte – *voilà*, hier is(s)t er richtig. *Tgl. 11–23 Uhr | al-Mina St. | Tel. 24713707 |* €€€

SEAGULL COFFEESHOP

Einfaches Restaurant, in dem Sie gut und ohne Touristenaufschlag essen. *Tgl. 10–12 u. 16–22 Uhr | al-Bahri Rd., neben Café Chef A* | €

INSIDER TIPP WOODLANDS

Sehr beliebtes indisches Restaurant mit nettem Personal und Schanklizenz. Reservierung empfohlen. *Tgl. | al-Bank al-Markazi St. | Ruwi | Tel. 24 70 01 92* | €€

EINKAUFEN

AL-THAQALIN

Hier wird fündig, wer omanische Musik und Literatur über den Islam sucht. *Tgl. 9–13 u. 16–21 Uhr | al-Bahri Rd.*

OMANI HERITAGE GALLERY

Um Omans traditionelle Handwerkskünste zu erhalten, verkauft die Galerie handgefertigte Schnabelkannen, Körbe, Silberschmuck, Töpferwaren oder kleine Teppiche der Beduinenfrauen aus der Wahiba-Wüste. *Tgl. 9–13 u. 16–21 Uhr | al-Bahri-Rd.*

FREIZEIT & SPORT

BIG BUS TOUR

Das Hop-on-Hop-off-Prinzip erlaubt die entspannte, wenn auch nicht billige Erkundung der Sehenswürdigkeiten von Muscat. Die Tickets sind bis zu 48 Stunden gültig. *Tgl. 9–17 Uhr | ab $ 66,30 | Start: Mutrah Souk | Tel. 24 52 31 12 | www.bigbustours.com*

FAHRRADVERLEIH MUTRAH CORNICHE

Mutrah und die Altstadt von Muscat lassen sich perfekt mit den Leihfahrrädern von *O'bike* erkunden, die an der Mutrah Corniche zur Verfügung stehen. *www.obike.org*

ÜBERNACHTEN

AL FALAJ HOTEL

Zentrale Lage, geräumige Zimmer, Pool zum Entspannen nach der Stadtexpedition: Perfekter kann ein Ausgangspunkt zur Erkundung Ruwis sowie der alten Viertel von Muscat und Mutrah nicht sein. *150 Zi. | al-Mujamma St. | Tel. 24 70 23 11 | www.alfalajhotel.com* | €€

MARINA HOTEL

Ok, die Disco ist laut und die Zimmer sind klein – aber: Die Lage an der Corniche von Mutrah ist gut, der Blick von der Dachterrasse über den Hafen schön und die Alkohollizenz nicht zu verachten. *20 Zi. | Mutrah St. | Tel. 24 71 31 00* | €

MUTRAH HOTEL

Das Hotel liegt zwar nicht am Hafen und zum Souk sind es 20 Min. zu Fuß. Dennoch ist es eine gute Adresse: Das Preis-Leistungs-Verhältnis stimmt, es gibt eine Bar und gutes Essen und die Zimmer sind geräumig. *43 Zi. | Mutrah High St. | Tel. 24 79 84 01 | www.mutrahotel.com* | €€

NASEEM HOTEL

Trotz des kargen Frühstücks eine akzeptable Adresse in guter Lage, mit sauberen Zimmern und nettem Personal. *40 Zi. | al-Bahri Rd. | Tel. 24 71 24 18* | €

ZIELE IN DER UMGEBUNG

RUWI SOUK (138 E2) (*Ⓜ I2*)

Angesichts der engen Bebauung ist es kaum vorstellbar, dass im Stadtteil Ruwi, auch CBD *(central business district)* genannt, bis Mitte der 1970er-Jahre der alte Flughafen von Muscat lag. Auf dem Souk gibt es jede Menge Elektronikartikel, Uhren, Stoffe und Kleidung zu günstigen Preisen, weshalb hier viele Inder einkaufen und man sich vor allem abends wie auf dem Subkontinent fühlt. In den vielen indischen und pakistanischen Restaurants isst man gut und günstig. *Ganztägig | Souq Ruwi St.*

INSIDER TIPP SOUK AL-JUMA'A

(138 E2) (*m l2*)

Ein bisschen erinnert er an einen europäischen Flohmarkt, der „Freitagsmarkt", auf dem Sie vom Plastikspielzeug über Lebensmittel und Mode bis hin zum schicken Gebrauchtwagen alles Mögliche kaufen können. Die voll fröhlichem Lokalkolorit steckende Fundgrube für das etwas andere Souvenir wird im Fastenmonat Ramadan einfach nach Sonnenuntergang abgehalten. *Ganztägig | al-Nuzhah St.*

SULTAN'S ARMED FORCES MUSEUM

(U A6) (*m a6*)

Die Festung Bait al-Falaj aus dem 19. Jh. beherbergt heute das Museum der omanischen Streitkräfte, informiert aber auch ausführlich über die Geschichte des Ibadismus in Oman. Ursprünglich als Sommerresidenz des Sultans errichtet, schützte Bait al-Falaj den Weg nach Muscat und diente später u.a. als Polizeizentrale. *So–Do 8–13.30, Sa 9–12 u. 15–18 Uhr | Eintritt 1 RO | Al Mujamma St.*

QURUM, AL-KHUWAIR & BAUSHAR

(138–139 C–D 1–2) (*m j–k 1–2*) **Was seid ihr groß geworden! Die drei westlich gelegenen Stadtviertel Muscats belegen eindrücklich, wie sehr die Hauptstadt in den Jahrzehnten nach dem Amtsantritt von Sultan Qaboos gewachsen ist.**

Qurum entwickelte sich dank seines lang gezogenen Sandstrands zu einem beliebten Wohn- und Freizeitviertel, während sich in *al-Khuwair* Botschaften und Ministerien ansiedelten. *Baushar* wird heiß und innig geliebt von Off-Road-Fahrern, weil es hier so tolle Dünen gibt. Auf die schauen auch die Einwohner der neuen Apartmentanlagen, die zudem den Komfort großer Einkaufszentren genießen.

SEHENSWERTES

BAIT ADAM

Das liebevoll eingerichtete (Privat-) Museum zeigt seltene und einzigartige Artefakte aus der (Münz-)Geschichte des Sultanats. *Sa–Do 9–13.30 u. 16–19 Uhr | Eintritt 5 RO | Way 2333, nahe 23rd of July Rd., Geb. 2881 | Qurum*

NATURAL HISTORY MUSEUM

Hier können Sie sich aus sicherer Distanz vor Skorpionen, Schlangen und haarigen Spinnen fürchten, vor summenden Insekten ekeln, seltene Leoparden bewundern, elegante Oryxantilopen bestaunen und sogar Luchse entdecken. Einziger Nachteil – alle tot. Informative Schaukästen entführen in die grandiose Bergwelt Musandams und die große Sandwüste Rub al-Khali. In der Walhalle prangen das enorme Skelett eines Pottwals und die einiger Delphine. Im ● Botanischen Garten drumherum steht u. a. ein Weihrauchbaum. *Sa 9–13, So–Do 8–13.30 Uhr | Eintritt 500 bz | 18th November St. | al-Khuwair*

PDO – ÖL- UND GASMUSEUM MIT PLANETARIUM ●

Die interaktive Ausstellung der Ölgesellschaft *PDO (Petrol Development Oman)* zeigt alles rund um die fossilen Brennstoffe. Neben der Ausstellungshalle befindet sich ein *Planetarium* mit

Reservierungspflicht *(Tel. 24676117). So–Do 7.30–15.30 Uhr | Eintritt frei | Sayh al-Malih St. | Mina al-Fahal nahe Qurum*

ROYAL OPERA HOUSE ★

Das 2011 eingeweihte Opernhaus – das erste auf der Arabischen Halbinsel – ist eine architektonisch elegante Besonderheit. Kenner schätzen darüber hinaus die tolle Akustik, in der u.a. die aus Deutschland stammende Orgel besonders gut zur Geltung kommt. Sie ist Teil einer modernen, auf Schienen gelagerten Bühnentechnik, die einen Wechsel zwischen geräumiger Konzerthalle und großer Theaterbühne erlaubt. Große Stars wie Plácido Domingo haben dem Haus zu internationaler Anerkennung verholfen und auch die Kritiken aus dem eigenen Land – u.a. angesichts der enormen Baukosten, über die der Sultan diskret schweigt – sind verstummt. Es gibt INSIDER TIPP Tickets zu erschwinglichen Preisen, staunen Sie bei den täglichen *Führungen (8.30–10.30 Uhr). Al-Kharjiyah St. | Qurum | Tel. 24403300 | www.rohmuscat.org.om*

SULTAN-QABOOS-MOSCHEE ★ ●

Warum anschauen? Weil die größte Moschee des Landes Stilelemente aus der gesamten arabisch-islamischen Welt vereint, in die auf harmonische Art und Weise lokale Architekturmerkmale aus dem Festungsbau und historischen Moscheen integriert sind. Weil bei der Gestaltung der sehenswerten Bogengänge auf dekorative Farben und Muster zurückgegriffen wurde, die die islamische Kultur im Lauf der Jahrhunderte entwickelte. Und weil es schlicht ein schönes Gefühl ist, mit nackten Füßen über den warmen Marmorboden zu wandeln. Manchmal steht an einem der vier 47 m hohen Eckminarette eine Tür auf, sodass Sie ganz offiziell ein paar Stufen nach oben gehen können und einen besseren Blick über den Innenhof haben. In der

Der omanischen Tierwelt ganz nah: Pottwalskelett in Naturhistorischen Museum

Der riesige Teppich in der Sultan-Qaboos-Moschee besteht aus 1,7 Milliarden Knoten

großen Gebetshalle *(musalla)* hängt der 14 m hohe Kronleuchter mit Swarovski-Kristallen und 1122 Glühbirnen über einem der größten Perserteppiche der Welt. Männer müssen beim Besuch lange Hosen tragen, Frauen auch Arme und Kopf bedecken, sonst wird der Einlass verweigert! *Sa–Do 8–11 Uhr | Eintritt frei | Sultan Qaboos St. | Baushar*

ESSEN & TRINKEN

AL ANGHAM RESTAURANT

Landesküche in elegantester Erscheinung – von der Zubereitung bis zur Location! *Sa–Do 12–15 u. 19–23 Uhr | Al-Kharjiyah St., neben Royal Opera | Tel. 22 07 77 77 | www.alanghamoman.com | €€€*

INSIDER TIPP CANDLES CAFÉ

Die Meeresbrise auf der Haut spüren, einen Minztee schlürfen und beim Blick über den Ozean die Zeit vergessen. Oder eine Kleinigkeit essen. *al-Saruj St., hinter dem Grand Hyatt | Qurum | €–€€*

KARGEEN

Stylisches In-Restaurant mit großem, abends beleuchtetem Garten und guter libanesischer Küche. Sehr beliebt, reservieren! *al-Bashair St. | Madinat Sultan Qaboos | Tel. 99 25 33 51 | €€*

EINKAUFEN

MUSCAT GRAND MALL

Neben einem Einkaufsbummel durch 150 Geschäfte können Sie in diesem Freizeittempel auch in mehreren Restaurants essen, in Coffeeshops entspannen, bei Regen ins Kino gehen und Geld wechseln oder aus dem Automaten ziehen. *Tgl. 9–21 Uhr | Dohat al-Adab St. | al-Khuwair | www.muscatgrandmall.com*

OMAN AVENUES MALL

Eines der größten Shoppingzentren der Haupstadt bietet jede Menge Boutiquen, dazu Elektronikläden, eine Spielecke für Kinder und einen Goldsouk. Angeschlossen ist auch ein Lulu Hypermarket. *So–Mi 11–22, Do–Sa 10–23 Uhr | Sultan Qaboos St. | al-Khuwair | omanavenuesmall.om*

QURUM CITY CENTER

Neben dem großen Carrefour-Supermarkt und den üblichen Shops und Restaurants finden Sie hier auch Läden für Campingausrüstung sowie Sportgeschäfte, Optiker und Apotheken. *So–Do 10–22, Fr/Sa 10–24 Uhr | Muscat Expressway | Qurum | www.citycentrequrum.com*

SABCO CENTER

Wenn Sie ein paar Tage Zeit haben und schon längst mal Ihren Kleiderschrank auffüllen wollten, dann nichts wie hin in die große Shopping-Mall: In guten Stoffgeschäften wie etwa *Royal Textiles* fertigen Schneider innerhalb kürzester Zeit Kleider, Hemden und Hosen – nach Maß, versteht sich.

Das Sabco-Shopping Center ist zwar nur eines von mehreren Einkaufszentren an der al-Nahda Street, der Name hat sich aber stellvertretend für die Einkaufsmeile mit Restaurants, Cafés und Banken etabliert. Hier finden sich außerdem Optiker, Schuhgeschäfte und Apotheken. Die Edelparfümerie *Amouage* hat im Center eine Niederlassung und bei INSIDER TIPP *TmReya* bekommen Sie herrliches Dattelkonfekt in feinsten Variationen als schöne Souveniridee. *al-Nahda St. | Qurum*

STRAND

QURUM BEACH ★

(133 E–F6) *(🗺 k1)*

Der Strand von Qurum ist der längste und schönste der Hauptstadtregion. Außer an Feiertagen und Wochenenden hat man am Vormittag meist seine Ruhe. Lebendig wird es am Nachmittag

DESPOT ODER KEIN DESPOT?

Der Vater von Sultan Qaboos, Said bin Taimur, soll ein Diktator gewesen sein? Nunja, jedenfalls ließ er noch in den 1960ern bei Sonnenuntergang die Stadttore Muscats schließen, Sonnenbrillen waren verboten, Fußball spielen auch. Klingt zumindest ziemlich restriktiv. Um den alten Sultan zu verstehen, lohnt ein Blick auf sein Leben: Als sein Sohn ihn 1970 absetzte, war Said bin Taimur, der mehrere Sprachen beherrschte und klassische Musik schätzte, 60 Jahre alt. Bei seinem Amtsantritt 1932 hatte bitterste Armut geherrscht, Oman war abhängig von den Briten und durch innenpolitische Widerstände zerrissen. Said bin Taimur suchte alle drei Punkte zu verändern – und scheiterte. Danach beherrschte rigide Sparpolitik sein Denken, und als am Ende die Petrodollars flossen, scheute er die enormen Ausgaben, die für eine Modernisierung nötig waren. Verbittert und zutiefst misstrauisch erließ er die kruden Verbote. Nach seiner Absetzung war Said bin Taimur lange Zeit Persona non grata – heute ist eine schöne Moschee nach ihm benannt.

mit omanischen Familien, Fischern und Fußball spielenden jungen Männern.

FREIZEIT & SPORT

QURUM NATIONAL PARK

Qurum ist das arabische Wort für Mangrove und der Park heißt so, weil nebenan ein Naturschutzgebiet für diese urigen Pflanzen liegt. Die sind – Allah sei Dank! – lärmunempfindlich, denn auch omanische Kinder toben nicht gerade leise auf den Karussells, die es hier gibt. Ruhiger geht's auf dem kleinen See zu, auf dem Sie sich in Ruderbooten in die Riemen legen können. Oder Sie freuen sich still über die prachtvollen Blumenbeete – ist eine Heidenarbeit, die zu pflegen! *Tgl. 8–23 Uhr | Eintritt frei | al-Qurum St.*

AM ABEND

DUKE'S BAR

Gemütlicher Pub mit *fish & chips* und Bier auf der Speisekarte, multinationalem Publikum und heiß begehrten Sitzen auf der Terrasse zum Sonnenuntergang. *Tgl. 12–15 u. 18–23 Uhr | al-Qurum St., im Crowne Plaza Hotel*

JOHN BARRY BAR

Elegante Bar mit Terrasse zum Meer, feinen Leckereien für den letzten Hunger des Tages und einer innovativen Auswahl kühler Cocktails. *Tgl. 18–1 Uhr | al-Shati St., im Grand Hyatt Hotel*

INSIDER TIPP SAMA TERRAZZA

Neben einem unschlagbaren Panoramablick und einem zwar kleinen, aber ausgesuchten Sortiment an Tapasgerichten finden Sie hier eine anspruchsvolle Auswahl an Weinen, Bieren und Cocktails. *Tgl. 18–1 Uhr | Sultan Qaboos St., im Park Inn Hotel*

ÜBERNACHTEN

BEACH HOTEL

Das Hotel liegt günstig zwischen den Vororten und der Altstadt Muscat, zum Strand von Qurum sind es nur wenige Meter, ebenso zu den Restaurants und Cafés der *Waterfront. 60 Zi. | al-Kharjiyah St. | Tel. 24 69 66 01 | www.beachhotelmuscat.com | €€*

THE CHEDI

Die klaren Linien des luxuriösen Interieurs erinnern an japanische Zen-Tradition, der Garten ist ein Juwel, Nachteil ist die Lage in der Einflugschneise des Flughafens. *158 Zi. | 18th November Rd. | Qurum | Tel. 24 52 44 00 | www.ghmhotels.com/de/muscat | €€€*

CROWNE PLAZA HOTEL

Neben Komfort und schönem Garten mit Pool macht vor allem die Lage auf einer Klippe über dem langen Sandstrand von Qurum (mit Zugang) den Reiz dieses

Hauses aus. *160 Zi. | al-Qurum St. | Tel. 24 56 01 00 | www.cpmuscat.com | €€€*

GRAND HYATT MUSCAT

Mit „Agatha Christie trifft Arabien" ist die Innenausstattung dieser Luxusherberge treffend beschrieben, zum Entspannen laden Lobby und Garten ein. *280 Zi. | al-Shati St. | Qurum | Tel. 24 64 12 34 | www.muscat.grand.hyatt.com | €€€*

IBIS HOTEL

Kleine Zimmer, dafür aber gutes Frühstücksbüfett und günstige Lage: akzeptable Alternative zu teuren Hotels. *171 Zi. | Dohat Aladab Rd. | al-Khuwair | Tel. 24 48 98 90 | www.ibishotel.com | €*

PARK INN HOTEL

Modernes, angenehmes Stadthotel neuer Generation mit einer Dachterrasse, die zum abendlichen In-Treffpunkt geworden ist. *175 Zi. | Sultan Qaboos St. | al-Khuwair | Tel. 24 50 78 88 | www.parkinn-muscat.com | €€*

AUSKUNFT

In der Ankunftshalle des Flughafens gibt es links vor der Gepäckausgabe kostenlos Info- und Kartenmaterial.

ZIELE IN DER UMGEBUNG

AMOUAGE (133 E6) (*G4*)

Im edlen INSIDER TIPP Besucherzentrum erfahren Sie alles über das exklusive Parfum Omans. Sie dürfen hinter die Kulissen schauen, Proben schnuppern – und einkaufen, bis die Kreditkarte glüht. *Tgl. 8.30–16.30 Uhr | Nizwa Rd. | al-Mawaleh | Seeb | www.amouage.com/visitors-centre*

ZAWAWI-MOSCHEE (139 D2) (*k2*)

Weil ihm die bayerischen Kirchturmuhren so gefielen, die er als ministeriale Begleitung des Sultans in Garmisch gesehen hatte, baute Qais al-Zawawi nach diesem Vorbild ein Minarett mit Uhr an seine Moschee. *Sultan Qaboos St. | Madinat Sultan Qaboos | nur von außen*

Bayern München? Oder Manchester United? Fußballfans am abendlichen Strand von Qurum

DER NORDEN & LANDESINNERES

Manchmal hat ein ordentlicher Bauch auch etwas Gutes. An der Küste Nordomans ist er stattliche 50 km breit: Batinah, „Bauch", so heißt die Küstenebene mit ihren fruchtbaren Obst- und Gemüsegärten. Ihr lebensspendendes Wasser kommt durch grün leuchtende *wadis* herunter aus dem Hajargebirge, in dessen steilwandigen Schluchten sich liebliche Bergoasen mit atemberaubenden Terrassenfeldern verstecken.

Mehr als 600 km erstreckt sich die abwechslungsreiche Küste Nordomans mit ihren Sandstränden, felsigen Buchten und ruhigen Fischerorten. Die rauen Bergrücken und gezackten Gipfel des Hajargebirges begleiten sie beinahe auf ihrer gesamten Länge. Wer die Batinahebene durchquert, die sich westlich der Hauptstadt Muscat entfaltet, mag kaum glauben, dass man sich eigentlich in einem Wüstenstaat befindet: Die grünen Gärten, in denen im Schatten großer Dattelpalmenhaine Gutes für Leib und Leben gedeiht, sind ein Fest fürs Auge. Kulinarisch interessant sind auch die Gewässer des Indischen Ozeans vor der Küste, denn hier liegen Fischgründe, die zu den artenreichsten überhaupt gehören. Kein Wunder also, dass die Menschen seit Jahrhunderten hier Bauern und Fischer sind.

So abwechslunsgreich, wie sich die Region präsentiert, so spannend ist sie für Reisende. Die *wadis* etwa, durch die die Regenfluten aus den Bergen abfließen und die diesen Garten Eden bewässern, sind kleine Perlen der Natur. Sie werden – wie etwa auch verschiedene einsame

Bild: Wadi Bani Khali

Grandiose Festungen, versteckte Bergoasen mit schattigen Palmenhainen, traditionelle Souks und friedliche Wüstenstille

Berggegenden – immer stärker für spannende Wanderungen unterschiedlicher Schwierigkeitsgrade erschlossen.

In den abgelegenen Dörfern ist zwar auch die Moderne längst angekommen, dennoch erleben Sie hier noch viel vom alten Lebensrhythmus und können die mühsame Existenz vergangener Zeiten erahnen. Für Geologen ist das Gebirge ein Paradies, liegen doch Gesteinsschichten offen zutage wie sonst nirgends auf der Erde. Und abenteuerlustige Off-Road-Fahrer finden auf den staubigen Pisten anspruchsvolle Prüfungsaufgaben für ihr Können, während sich sportliche Naturen den Herausforderungen beim Abseiling oder Canyoning stellen.

Auf der südlichen Gebirgsseite gibt es dazu kaum einen Fußbreit Boden, der nicht spannende Geschichte atmet. Schließlich wurde Oman jahrhundertelang von Oasenstädten wie Nizwa oder Bahla aus regiert. Mächtige, aufwendig restaurierte Festungen dominieren das Bild dieser Städte, deren Souks trotz neuer Shoppingmalls immer noch ein

Lehrort gewieften Feilschens um die Dinge des täglichen Lebens sind.
In der östlichen Region, der Sharqiya, reichen die sanft geschwungenen Dünen der Wahiba-Wüste bis an die menschenleeren Strände des Indischen Ozeans. Und in der Hafenstadt Sur wird immer noch jener traditionelle Segelschiffstyp aus Holz gebaut, mit dem Sindbad, der legendäre Seefahrer, seine Abenteuer bestand.

Auktionen am Strand: der Fischmarkt von Barka

BARKA

(133 E6) (🕮 G4) **Barka (100 000 Ew.) unterscheidet sich mit seinen Palmenhainen und Fischerbooten am Strand nicht wesentlich von den anderen Orten entlang der Küste. Trotzdem muss man hier einfach vorbeischauen – vor allem, wenn man Fan leckerer Süßspeisen ist.**

Barka ist nämlich dank seiner exzellenten Dessertköche in der gesamten Golfregion bekannt. Weil die traditionelle Süßspeise *halwa* den hiesigen Meistern der Küche besonders gut gelingt, wird sie von Kuwait bis Qatar sehr geschätzt und oft in großen Mengen geordert. Eine solche Bestellung müssen Sie natürlich nicht gleich aufgeben, aber probieren sollten Sie *halwa* unbedingt: Kleine Portionen der Köstlichkeit gibt's auf dem örtlichen Souk zu kaufen.
Wer hier nicht zu den Süßköchen gehört, lebt von der Fischerei, der Landwirtschaft oder der Aufzucht teurer Rennkamele – Letztere sind ebenfalls über die Landesgrenzen hinaus bekannt. Noch Mitte des 18. Jhs. war Barka ein bedeutender überregionaler Hafen, dann verlor es seine Rolle an Muscat. Heute ist die Stadt aufgrund ihrer Lage ein idealer Ausgangspunkt für Ausflüge in die Bergwelt des westlichen Hajar oder an die Batinahküste.

SEHENSWERTES

FESTUNG

Von den Zinnen der nah am Strand gelegenen Festung hat man einen schönen Blick aufs Meer und geschichtsträchtigen Boden unter den Füßen. Dabei geht's um ein Abendessen Mitte des 18. Jhs., das alle Omanis kennen: Damals gelang es Ahmad bin Said al-Busaidi, dem Begründer der heute noch regierenden Al-Bu-Said-Dynastie, die Offiziere der persischen Besatzungsarmee der Batinah in eine Falle zu locken und schließlich zum Abzug zu zwingen.
Informative Schautafeln in den verwinkelt angelegten Innenräumen erzählen

vom Leben entlang der Batinah in der Vergangenheit. *So–Do 8.30–14.30 Uhr | Eintritt 500 bz*

FISCHMARKT

Wer vor 10 Uhr morgens am Strand von Barka nahe der Festung eintrifft, erlebt die INSIDER TIPP typische Auktion (arabisch *muzabanah*) frischen Fischs, bei der sich die interessierten Käufer um Thunfisch, Rochen und bunte Speisefische lautstark und fröhlich gegenseitig überbieten. In der überdachten Fischhalle nahebei werden die Käufe flugs zerlegt oder auf eisgekühlten Tresen für Späteinkäufer frisch gehalten. Um die Mittagszeit ist der Markt zu Ende. Nebenan befindet sich der Obst- und Gemüsemarkt, auf dem es auch das gute *halwa* zu kaufen gibt.

ESSEN & TRINKEN

AL SHAM JUICES

In diesem „Saftladen" finden Sie nicht nur frische Getränke, sondern auch gute Sandwiches zum Mitnehmen. *Barka Main St.* | €

CARIBOU COFFEE

Was macht das arktische Karibu im heißen Orient? Einer Kaffeehauskette

MARCO POLO HIGHLIGHTS

★ Festung Bait Naaman
Wundervoller Blick über Palmenhaine von den Zinnen dieser eigenwilligen kleinen Festung → S. 53

★ Wadi Bani Khalid
Wasser! Das kostbare Nass verwandelt das Trockental in eines der schönsten des Landes → S. 59

★ Souk von Nizwa und Freitagsmarkt
Restauriert, aber immer noch voller Atmosphäre: der Markt in Nizwa mit der quirligen Viehauktion → S. 61

★ Festung Jabrin
Schöner wohnen auf arabisch: Farbenfroher und prächtiger geschmückt kommt keine andere Wohnfestung des Landes daher → S. 65

★ Misfat al Abriyyin
Die – besonders morgens – friedliche kleine Oase schmiegt sich mit ihren filigranen Terrassenfeldern in die raue Bergwelt → S. 67

★ Festung Al Hazm
Reise in die Vergangenheit per Audio und Video mit allem technischen Drum und Dran: Omans wohl eindrucksvollste Festung → S. 53

★ Museum Bait al-Safah
Ein sprichwörtlich lebendiger Blick in den Alltag, der vor Jahrhunderten im Sultanat herrschte → S. 63

★ „Grand Canyon" (Aussichtspunkt)
Aus 2000 m Höhe genießen Sie vom „Berg der Sonne" einen der schönsten Ausblicke Omans → S. 67

★ Wahiba-Wüste
Ein unvergessliches Bild von einer Wüste – Kamele, Beduinen, Dünenkämme bis zum Horizont ... → S. 59

★ Dhauwerften Sur
Mit ihren typischen Segelbooten eroberten omanische Seeleute die Meere. In den Werften von Sur wird die Kunst, eine Dhau zu bauen, am Leben erhalten → S. 69

(die tatsächlich aus den USA stammt) seinen Namen leihen. Der Kaffee jedenfalls ist prima! *Tgl. 10–22 Uhr | al-Seeb St., im Barka Grand Center (s. u.) | Tel. 24 69 71 11 | €*

MATHER RUWI PAKISTANI RESTAURANT

Typisches und gutes Schnellrestaurant mit immer leckeren Gerichten zum kleinen Preis, die aber auch mal ungewöhnlich scharf sein können. *Sheesha Rd. | Tel. 92 64 83 84 | €*

EINKAUFEN

BARKA GRAND CENTER

Das große Einkaufszentrum beherbergt einen Carrefour-Supermarkt und dazu jede Menge Boutiquen, Kinos, Restaurants und Fast-Food-Ketten wie Burger King und Subway oder Cafés wie Starbucks – wenn's mal eine Abwechslung zur orientalischen Kulinarik sein darf. *Tgl. 10–22 Uhr | al-Seeb St., rechts neben der Autobahn Richtung Sohar*

STRAND

SAWADI BEACH

Der herrlich lange Sandstrand ist zunehmend beliebt bei Kitesurfern und nicht nur perfekt für lange Spaziergänge oder entspannte Picknickpausen, sondern natürlich auch zum Baden. *Ca. 10 km westl. von Barka*

FREIZEIT & SPORT

DAYMANIYAT-INSELN

Vor dem Strand von Sawadi liegen die Daymaniyat-Inseln, ein Vogelschutzgebiet, das ohne Genehmigung nicht betreten werden darf. *Allu'luah Marine Tourism (The Wave, Almouj Marina | Muscat | Tel. 98 07 81 53 | www.dimaniyattours.om)* bietet verschiedene Trips zu den Inseln an, darunter Ganz- *(9–17 Uhr)* oder Halbtagesausflüge *(8.30–12.30 od. 13.30–17.30 Uhr)*, ein Vollmond-Dinner *(16–22 Uhr)* oder sogar eine Campingübernachtung mit Abendessen und Frühstück. *Abholung am Sawadi Beach*

Duo mit vielen Zähnen: Netzmuränen im Naturreservat der Daymaniyat-Inseln

ÜBERNACHTEN

AL NAHDA RESORT & SPA

Angenehme Hotelanlage mit weitläufigem Garten, Pool, 109 schönen Zimmern und 31 (!) verschiedenen Anwendungen im Spabereich. *Ca. 2 km von Barka im Landesinneren | Tel. 26 88 37 10 | www.alnahdaresort.com* | €€€

MILLENNIUM RESORT MUSSANAH

Das Resort liegt etwas ab vom Schuss, bietet dafür aber dank eigenem Yachthafen und sage und schreibe fünf Swimmingpools (einer davon nur für Frauen) ideale Wassersportmöglichkeiten. Die 308 fröhlich gestalteten Zimmer haben entweder Blick auf den Ozean oder ins nahe gelegene Hajargebirge. Ein Health-und-Fitness-Club bietet weitere Erholungsmöglichkeiten. *Wudam Al Sahil | 45 km nördl. von Barka | Tel. 26 87 15 55 | www.millenniumhotels.com* | €€€

ORIENTAL SITE HOTEL

Luxus bietet das kleine Hotel nicht gerade, aber saubere Zimmer. *20 Zi. | in Barka am zentralen Kreisverkehr mit der Brücke nach rechts abbiegen Richtung Strand, danach die erste Straße rechts und gleich die erste links | Tel. 26 88 46 23* | €€

ZIELE IN DER UMGEBUNG

AIN THOWARAH (133 E6) (*🕮 F4*)

Etwa 3 km hinter der Festung von Nakhl erreichen Sie nach einer Fahrt durch einen idyllischen Palmenhain und vorbei an Gärten mit herrlichen Bougainvilleen die heißen Quellen von Ain Thowarah im Wadi Hammam. Sie sind ein beliebtes Ausflugsziel bei den Omanis: Wer am Wochenende hierher kommt, erlebt quirligen Alltagstrubel, wenn sich Jugendliche und Familien zum Picknick, Grillen, Musizieren und Entspannen treffen – und natürlich zum Baden, obwohl das offiziell gar nicht gestattet ist. Es gibt ein kleines Restaurant, einen kleinen Supermarkt und ausreichend schattige Picknickplätze unter Palmen. Wenn Sie dagegen unter der Woche vorbeikommen, erwartet Sie hier eine Oase der Ruhe.

FESTUNG AL HAZM ★

(133 D6) (*🕮 F4*)

Ein lieblicher Garten schmückt den Innenhof dieser Festung, und das prächtige Eingangstor gehört zu den größten und schönsten des Landes. Darin eingeschnitzt ist u. a. der Name des Erbauers Sultan bin Saif II., der hier nicht nur bis zu seinem Tod 1718 lebte, sondern auch bestattet wurde. Angeblich räuberte er für den Bau der Anlage die Staatskasse, schuf damit aber eine der modernsten Festungen ihrer Zeit inklusive einer „Sprechanlage" vom ersten Stock hinunter in die Wachräume der Soldaten.

Die aufwendige Restaurierung und der Ausbau der verwinkelten Gänge, Gefängnisse, Kanonentürme und ehemaligen Wohnräume zu einem akustisch und optisch ebenso informativen wie eindrucksvollen „Multimediasoundandlightshowevent" waren sicherlich weniger belastend für die heutige Staatskasse, sind aber ebenso gelungen. Ganz ohne technischen Schnickschnack kommt der alte Bewässerungskanal aus – sein leises Plätschern erfüllt den Innenhof mit friedlicher Ruhe. *Sa–Do 9–14, Fr 8–11 Uhr | Eintritt 500 bz | 60 km von Barka, an der Route 11 Richtung Rustaq*

FESTUNG BAIT NAAMAN ★

(133 E6) (*🕮 G4*)

Diese kleine Festung, errichtet am Ende des 17. Jhs., fällt durch ihre außergewöhnliche Architektur auf: Sie ist eher hoch als breit. In ihrer langen Geschichte

diente sie als Wohnschloss, Raststation auf dem Weg zwischen Muscat und der historischen Hauptstadt Rustaq und als politischer Versammlungsort.
Die in den restaurierten Räumen ausgestellten Dinge des Alltags erzählen anschaulich vom früheren Leben. Dass der heute trockene Bewässerungskanal fast bis ins 50 km entfernte Nakhl reicht, ist – der Legende nach – einer anspruchsvollen Frau zu verdanken: Eine Braut des Erbauers von Bait Na'aman, Saif bin Sultan, stimmte der Hochzeit nur unter der Bedingung zu, nicht auf das köstliche Wasser ihres Heimatorts bei Nakhl verzichten zu müssen. *Sa–Do 9–14 Uhr | Eintritt 500 bz | 5 km von Barka, am westl. Ortsausgang ausgeschildert*

FESTUNG NAKHL (133 E6) (*🕮 F4*)

Die Festung von Nakhl, auch Husn al-Heem genannt, erhebt zu Recht den Anspruch, an einem der malerischsten Plätze Omans zu liegen: Sie thront auf einem hellen Kalksteinrücken vor dem 2000 m hohen, dunkel aufragenden Bergmassiv des Jebel Nakhl und ist umgeben von einem sattgrünen Palmenhain.
Das Fort liegt etwa 50 km von der Küste entfernt südlich von Barka und bewachte einst den Handelsweg ins Landesinnere. Seine Ursprünge reichen zurück in vorislamische Zeiten, später diente es verschiedenen Regenten als Amtssitz, die es nach persönlichem Gusto bis ins 19. Jh. hinein erweiterten. Interessant sind vor allem das prächtige Eingangstor und die mit persönlichen Gegenständen liebevoll ausgestatteten Schlafräume. Im *wali office* gibt ein Etikett Auskunft über die Herkunft der Teppiche: Kombinat Leipzig! *Sa–Do 9–16 Uhr | Eintritt 500 bz*

RUSTAQ (134 C1) (*🕮 F4*)

Der Name Rustaq stammt aus dem Persischen und bedeutet „Grenzbezirk", denn im 7. Jh. waren die Küste und das angrenzende Gebirge von persischen Truppen besetzt. In der Geschichte Omans spielte die Stadt (95 000 Ew.) aufgrund ihrer

WO BULLEN IHRE KRÄFTE MESSEN

Nicht Mensch gegen Stier, sondern Bulle gegen Bulle: Dieser Sport, dessen Wurzeln bis in die Antike zurückreichen, hat nichts mit dem schwertfuchtelnden Spektakel in Spanien zu tun. Irgendwann in grauer Vorzeit beschäftigte zwei Bauern die Frage, wessen Bulle der stärkere sei. Flugs stellten sie ihre Tiere einander gegenüber, diese sollten sich nun Kopf an Kopf gegeneinander stemmen. Als Verlierer galt, wer den ersten Schritt rückwärts tat – und so sind die Regeln bis heute. Klingt einfach, kann aber sehr lustig werden, wenn z.B. die Tiere überhaupt keine Lust haben, sich störrisch zeigen oder gar die Flucht antreten und fünf Mann versuchen, sie an Schwanz und Fußfesseln ziehend daran zu hindern. Nicht nur deshalb erfreuen sich diese Art Bullenkämpfe in der gesamten Küstenregion großer Beliebtheit bei den Omanis. Barka hat zwar eine kleine Arena (am westlichen Ende der Stadt) für die alle 14 Tage freitags stattfindende Veranstaltung, aber die Wettkämpfe können auch auf großen freien Sandflächen stattfinden. Einen Terminkalender gibt es leider nicht.

strategischen Lage immer wieder eine bedeutende Rolle: Nasir bin Murshid, Begründer der Al-Ya'aruba-Dynastie, koordinierte ab 1624 von Rustaq aus die Vertreibung der Portugiesen. In den folgenden 160 Jahren war die Stadt wiederholt Regierungssitz der herrschenden Imame und deshalb religiöses und politisches Zentrum des Landes.

Hier wählte man Mitte des 18. Jhs. Ahmad bin Said al-Busaidi, den Begründer der heutigen Al-Bu-Said-Dynastie, zum Imam, in der örtlichen Festung fand er seine letzte Ruhestätte. Heute ist die Stadt auch für ihre ausgezeichneten Datteln bekannt. Das *Al Shimookh Tourist Resthouse (Tel. 26 87 70 71 | €€)* neben der Hauptstraße nach Ibri bietet einfache Zimmer.

Sehenswert ist die verwinkelte Festung INSIDER TIPP *Qalaat al-Qesra*, deren Fundamente persischen Ursprungs sind. In ihrer heutigen Form entstand sie zu Beginn des 17. Jhs. unter Nasir bin Murshid. Sie ist eine der wenigen Anlagen, deren Bewässerungskanal immer noch intakt ist. Jeder der vier Kanonentürme hat einen eigenen Namen, der nördliche heißt *burj al-sheitan* – „Teufelsturm". *Sa–Do 9–16, Fr 8–11 Uhr | Eintritt 500 bz*

Leuchtende Schönheit vor dunkler Kulisse: die Festung Nakhl

SOHAR (132 C5) (*🕮 E3*)

Sohar ist die größte Stadt der Batinah. Von ihrer glanzvollen Geschichte ist auf den ersten Blick nichts mehr zu sehen. Der Grund? Neid! Dass ihr Hafen bis ins 10. Jh. als das Tor nach China galt – hier starteten die gefährlichen, aber sehr lukrativen Handelsreisen in den Fernen Osten –, fuchste ihre Konkurrenz in Persien unheimlich. Vor mehr als 1000 Jahren fackelte man in so einem Fall nicht lange: Um die Vormachtstellung Sohars im Überseehandel zu brechen, überfielen die Buyiden die Stadt 971 kurzerhand und zerstörten sie samt im Hafen liegender Flotte vollständig – Sohar stieg danach nie wieder zu altem Glanz auf.

Zuvor war sie auch ein Ort der Legenden. Denn wo ein Hafen, da sind auch Kneipen, und wo Kneipen sind, werden Geschichten erzählt. Zum Beispiel die von Sindbad dem Seefahrer, der ein Sohn Sohars gewesen sein soll – aber eigentlich eine literarische Figur aus den Märchen von „1001 Nacht" ist.

Im Jahr 1507 okkupierte Portugal dann Sohar und baute die *Festung (Fort und Museum bei Redaktionsschluss geschl., sonst Sa–Do 9–13.30 Uhr | Eintritt 500 bz)* aus. Sie ist heute neben dem 2 km nördlich gelegenen *Fischmarkt (nur vormittags)* mit seiner geschwungenen Architektur ein interessantes Ziel. Das im Turm untergebrachte Museum gibt Auskunft über die bunte Vergangenheit. Sohar gewinnt heute wieder an Bedeutung für die Wirtschaft Omans, denn 9 km nördlich der Stadt entstanden u. a. ein moderner Containerhafen und mehrere neue Industriekomplexe, darunter eine energieaufwendige Aluminiumschmelze. Übernachten kann man im *Sohar Beach Hotel (45 Zi. | Sultan Qaboos St. | Tel. 26841111 | www.soharbeach.com | €€€)*, das mit dem *Sallan* auch ein gutes Fischrestaurant beherbergt. Gut essen können Sie auch im *Restaurant Ward al-Fath (Sultan Qaboos St. | Tel. 97231990 | €–€€)* gegenüber dem Fischmarkt.

Nur für Frauen! Ihren Kleidermarkt haben sich die Damen in Ibra selbst erkämpft

WADIS (133 D6) *(🕮 F4)*
Einige der schönsten *wadis* führen von der Küstenebene in oder durch die Berge. Die beste Gelegenheit für einen Besuch bietet sich von der Asphaltstraße zwischen Nakhl, Rustaq und Al Hazm, wo mehrere der Täler abzweigen. Um sie zu befahren, braucht man einen Geländewagen, einige lassen sich aber auch zu Fuß erkunden wie z.B. das *Wadi Abyad* (133 D6) *(🕮 F4)* nahe Nakhl. Hier bietet sich in natürlichen Pools auch die Gelegenheit zu einem erfrischenden Bad. Das Wüstencamp *The Dunes by Al Nahda (30 Zi. | ca. 25 km im Landesinneren | Tel. 97235700 | www.dunesbyalnahda.com |*

€€€) bietet elegante Zeltbungalows in den Dünen.

Am Ende des 33 km langen *Wadi Mistal* (134 C1) (*🗺 F4*) lockt das 2000 m hoch gelegene Bergdorf *Wakan*. Sehr weit führt eine befestigte Straße in die beiden Wadis *Sahtan* und *Bani Awf* (134 C1–2) (*🗺 F4*). Von Letzterem zweigt die atemberaubende, aber nicht ganz einfache Piste zur schön gelegenen Bergoase *Bilad Sayt* ab. Abgerundet wird der Besuch der *wadis* durch ein Picknick im Schatten der Palmen oder Felsen. Da es in den kleinen Dörfern nur wenige Läden mit eingeschränkter Auswahl gibt, kaufen Sie am besten vorher in einem der größeren Supermärkte z. B. in Nakhl ein.

IBRA

(135 D2) (*🗺 G5*) **Ibra ist einer der ältesten Orte Omans und gilt bis heute als das Tor zur Sharqiya, der Region südöstlich von Muscat.**

Die kleine Oasenstadt mit heute 40 000 Einwohnern liegt zwischen östlichem Hajargebirge und der Wahiba-Wüste. Durch das Regenwasser der Berge konnten in bescheidenem Ausmaß Dattelpalmen angebaut werden, sodass Ibra zum Versorgungszentrum der Beduinen wurde – und es heute noch ist. Eigentlich sind es zwei Oasen, denn lange Jahrhunderte lebten zwei Stämme hier in gepflegter Feindschaft, wovon die zahlreichen Wachtürme zeugen. Seit dem Amtsantritt von Sultan Qaboos herrscht Frieden und man hält jeden Mittwoch einträchtig einen der schönsten Wochenmärkte ab.

SEHENSWERTES

FRAUENMARKT

In den 1980er-Jahren war mittwochs Frauentag im örtlichen Krankenhaus. Irgendwann begannen die Besucherinnen mit dem Verkauf selbst hergestellter oder gebrauchter Kleidung, bis immer mehr Frauen eher den Markt als das Hospital besuchten. Als er geschlossen werden sollte, kämpften die Damen um die offizielle Anerkennung. Mit Erfolg!

Inzwischen ist der Markt überregional bekannt. Ein kleines Stück ist bis heute nur für Frauen zugänglich (bitte respektieren!), drum herum hat sich jedoch ein fröhlicher Flohmarkt entwickelt, auf dem vom Duftöl bis zum Teppich alles zu haben ist. Frühaufsteher können unter dem Sonnendach des Gemüsemarkts bis 9 Uhr eine Viehauktion erleben. *Mi 7–12 Uhr*

INSIDER TIPP MINZAFAH

Der historische Ortsteils Ibras ist ein hervorragendes Beispiel für die großartige Lehmarchitektur Omans mit ihren geschwungenen Fensterbögen, wunderbar verzierten Holztüren und luftigen Innenhöfen – auch wenn alles verfallen ist. Die großen, zum Teil mehrstöckigen Häuser gehörten wohlhabenden Kaufmannsfamilien, deren Segelschiffe im Afrikahandel eine bedeutende Rolle spielten. Der zugewucherte Souk ist immer noch sehenswert, traurig stimmen dagegen die abgestorbenen Palmen in seiner Nachbarschaft: Sie zeugen vom zunehmenden Wassermangel der Region.

ESSEN & TRINKEN

Während des Frauenmarkts bieten mobile Grillstationen in den Straßen saftige Fleischspieße *(mishkak)* mit leckeren Saucen nach Familienrezept an – unbedingt probieren!

GOLDEN STAR RESTAURANT & COFFEESHOP

Hühnchen lecker grillen, ohne sie auszutrocknen – das können die Köche hier ganz wunderbar, genauso, wie frische Säfte zubereiten. *al-Qala St.* | €

AL-NASEEB RESTAURANT

Gute indische Küche und das omanische Nationalgericht *shoowa,* über eine besonders lange Zeit gegartes Ziegenfleisch, werden hier serviert. *Main St.* | *Tel. 92 43 00 95* | €

ÜBERNACHTEN

IBRA HOTEL

Schlichte Einrichtung und ein kleiner Pool. *14 Zi.* | *Wadi Naam 550* | *Tel. 25 57 18 73* | €

SHARQIYA SANDS HOTEL

Akzeptables 3-Sterne-Haus mit Pool, Restaurant und der *Ahlan Lounge* mit arabischer Livemusik. *21 Zi.* | *5 km südl. der Stadtgrenze Richtung Sur, Muscat-Sur-Road Nr. 23* | *Tel. 25 58 70 99* | *www.sharqiyasands.com* | €

ZIELE IN DER UMGEBUNG

MASIRAH (137 F3) (*G–H 7–8*)

Am südlichen Zipfel der Wahiba liegt nur wenige Kilometer vor der Küste die Insel Masirah. Was sie zu bieten hat, ist – dass sie kaum etwas zu bieten hat. Deshalb ist Masirah noch sehr ursprünglich: Sie finden unberührte Strände, Meeresschildkröten (Abstand halten!) sowie eine spannende Vogelwelt.

Trotzdem gibt es im Norden der Insel eine ausreichende Infrastruktur mit Restaurants und Hotels wie dem einfachen *Masirah Hotel (17 Zi.* | *Tel. 25 50 44 01* | *€),* dem noblen *Masira Island Resort (20 Zi.* | *Tel. 25 50 42 74* | *masiraislandresort.com* | *€€€)* und dem *Danat al-Khaleej (14 Zi.* | *Tel. 25 50 45 33* | *www.danat-hotel.com* | *€€)* nahe dem Fährhafen.

Für Kitesurfer herrschen an der Westküste tolle Windverhältnisse, für sie gibt es nahe der Ortschaft *Sur Masirah* Kurse und Unterkunft beim Veranstalter *Kite-*

Blinker und Hupe? Unnötig! Erfahrung im Sand? In der Wahiba-Wüste überlebenswichtig!

boarding Oman (Tel. 96 32 35 24 / www.kiteboarding-oman.com).
Die *Autofähre (www.nfc.om)* zur Insel verkehrt mehrmals täglich von Shannah auf dem Festland aus.

WADI BANI KHALID ★ (135 E3) (*H5*)

Steil aufragende Felswände, senkrecht stehende Erdschichten in ungewöhnlichen Formen und Schattierungen, liebliche Palmenhaine, darin versteckt liegende kleine Ortschaften, azurblaues Wasser in natürlichen Pools, die zum Baden zwischen mächtigen Felsbrocken einladen: All das ist das Wadi Bani Khalid, ein farbenfroh erfrischender Ausgleich zu den ockertrockenen Dünen der nahe gelegenen Wahiba-Wüste.

Der Abzweig nach links ins *wadi* liegt ca. 50 km von Ibra entfernt Richtung Sur, dort bietet das *Oriental Resthouse (25 Zi. / Tel. 99 00 62 15 / €)* eine Übernachtungsmöglichkeit. Im Ort Wadi Bani Khalid gibt es mehrere Restaurants und Supermärkte, bei den ● *Pools von Moqel* ein einfaches Restaurant mit Toiletten, wo man sich fürs Baden umziehen kann.

WAHIBA-WÜSTE ★

(135 D–E 3–5) (*G–H 5–7*)

Obwohl sie mit 15 000 km² recht klein ist, hat die Wahiba doch alles, was zu einer richtigen Wüste gehört: lang gezogene Dünenkämme, aufrechte Beduinen, stolze Kamele, die u. a. für Rennen gezüchtet werden und hohe Preise erzielen, romantische Sonnenuntergänge, aber auch einige unangenehme Bewohner wie Skorpion und Sandviper. Die sind jedoch selten, viel öfter erlebt man morgens eine so hohe Luftfeuchtigkeit, dass davon Insekten und Echsen ebenso wie eine erstaunliche Vielfalt an Büschen, Gräsern und Akazien leben können. Im Südosten stürzen die Dünen steil in den Indischen Ozean ab, stellenweise haben Wind und Wetter „versteinerte Dünen" geformt, sogenanntes Aeolitgestein.

Am Nordrand der Wahiba gibt es eine große Auswahl an guten Wüstencamps, darunter das gemütliche, weil nicht so große **INSIDER TIPP** *Nomadic Desert Camp (14 DZ-Hütten / Tel. 99 33 62 73 / www.nomadicdesertcamp.com / €).* wo auch schon mal ein *oud*-Spieler (arabische Laute) am Lagerfeuer sitzt und Sie außerdem einen Kamelritt wagen können. Sehr luxuriös präsentiert sich das ● *Desert Nights Camp (26 Deluxe-Zelte / Tel. 92 81 83 88 / www.desertnightscamp.com /*

LOW BUDG€T

Sie können im *Bin Ateeq Restaurant* *(s. S. 62)* in Nizwa selbst ein Potpourri traditioneller omanischer Gerichte bestellen – einfacher und günstiger ist aber ein *setmenu,* eine vom Restaurant zusammengestellte Auswahl.

Ein beliebter Treffpunkt ist die Sykomore, wie der Maulbeerfeigenbaum auch heißt, vor dem Eingang zum East Souq in Nizwa. Der kleine *Kiosk* verkauft günstige, köstliche Sandwiches mit Huhn oder Rind, kühle Getränke und leckeren *karak*-Tee mit indischen Gewürzen.

In anderen Ländern wäre ein traditionelles Event wie die *Bullenkämpfe von Batinah* *(s. Kasten S. 54)* längst kommerzialisiert. Hier findet es am Straßenrand oder in der kleinen Arena von Barka statt. Wer Lust hat, gesellt sich dazu und erlebt fröhlichen, ungeschminkten Freizeitalltag – völlig kostenlos.

€€€), etwas zu groß geraten ist das *1000 Nights Camp (30 Zeltbungalows | Tel. 99448158 | www.1000nightscamp.com | €€–€€€)*. Bei allen Camps können Sie sich abholen lassen und müssen nicht extra einen Geländewagen mieten.

Eine INSIDER TIPP **Asphaltstraße** führt zwischen den Orten Khuwaymah und Ras al-Ruways an der Küste entlang durch die Wahiba-Wüste. Dort können Sie ohne Geländewagen einen Spaziergang in die Dünen machen, ein Bad im Ozean nehmen und Aeolitgestein bewundern.

NIZWA

(134 C2) *(🕮 F5)* **Trotz umfangreicher Modernisierungen hat sich Nizwa (95 000 Ew.) viel von seinem historischen Flair bewahrt und ist ein idealer Ausgangspunkt für die Erkundung der nahe gelegenen Bergregionen.**

Vielen Omanis gilt Nizwa als heimliche Hauptstadt, da sie in der Geschichte und Religion eine bedeutende Rolle spielte. Aufgrund der strategischen Lage an den wichtigen Handelswegen Omans entwickelte sich der Ort schon früh zur herrschaftlichen Residenz. Im 7. Jh. erhielten die omanischen Jolanda-Könige hier den Brief des Propheten Mohammed mit der Aufforderung, zum Islam zu konvertieren – was sie auch bereitwillig taten. Von Nizwa breitete sich der Ibadismus über das ganze Land aus, Poeten, Autoren und Gelehrte wandelten durch die Gassen der Stadt. Bis ins 12. Jh. war Nizwa durchgehend Hauptstadt, danach teilte sie sich diese Funktion mit Bahla, Jabrin oder Rustaq. 1970 wäre sie es beinahe wieder geworden – wirtschaftspolitische Gründe sprachen dann doch für Muscat. Heute steht in Nizwa die bedeutendste Koranschule des Landes, zusammen mit vielen Universitäten und Fachhochschulen Omans ist sie das Ausbildungszentrum im Landesinneren. Neben seinen leckeren Datteln rühmt sich Nizwa außerdem für seine Handwerkskünste: Stöbern Sie unbedingt bei den Silberschmieden und machen Sie sich auf die Suche nach einem besonders schönen Stück!

CITY WOHIN ZUERST?

Nizwa ist sehr übersichtlich, alle Sehenswürdigkeiten – die Altstadt mit dem Souk, der Festung und der Moschee – liegen nah beieinander. Bester Ausgangspunkt für eine Exkursion durch die Gassen ist der große **PKW-Parkplatz vor den Stadttoren**. Wer mit dem Auto anreist, stellt den Wagen am besten dort ab. Die Haltestelle der öffentlichen Busse ist neben der Moschee, sodass man gleich mit der Besichtigung starten kann.

SEHENSWERTES

FALAJ DARIS

Über 130 Bewässerungskanäle versorgten ab 500 n. Chr. Nizwa mit Wasser, die meisten von ihnen (ca. 100) existieren heute noch. Dazu gehört auch der Falaj Daris, mit 8 km der längste und – zusammen mit vier weiteren Kanälen – Unesco-Weltkulturerbe. Kurz hinter Nizwa an der Straße Richtung Bahla tritt er an die Oberfläche. Dort ist ein kleiner Park, in dem omanische Familien an den Wochenenden gern ein Picknick machen.

FESTUNG UND MUSEUM ●

Innerhalb von nur zwölf Jahren entstand ab 1650 der größte Festungsturm des Landes, stolze 40 m hoch, fast genauso breit und bis zur Hälfte mit Erdreich aufge-

Fehlt eigentlich nur noch der fliegende Teppich: Festung und Moschee von Nizwa

füllt, damit keine Kanonenkugel ihn umpustet. Sieben Schächte – durch die im Verteidigungsfall heißer Dattelsirup (!) geschüttet werden konnte – belüften den Treppenaufgang bis zu den Zinnen, von wo Sie einen hervorragenden Blick über Nizwa genießen. Finanziert wurde das Wahrzeichen angeblich aus einem einzigen erfolgreichen Raubzug der Omanis gegen portugiesische Besitzungen an der afrikanischen Küste.

Die Wohntrakte um den Turm stammen teilweise aus dem 9. Jh. und beherbergen heute ein sehr sehenswertes INSIDER TIPP kulturgeschichtliches *Museum*, das u. a. das ausgefeilte Bewässerungssystem anschaulich präsentiert. Im Innenhof gibt es ein nettes Café und einen Souvenirshop. *Sa–Do 9–16, Fr 8–11 Uhr | Eintritt 500 bz*

SOUK UND FREITAGSMARKT ★

Der Souk von Nizwa wurde in den 1990er-Jahren aufwendig restauriert, steckt aber immer noch voll historischem Flair und bietet tolle Shopping-Erlebnisse in den vielen kleinen Läden, die Silberschmuck, Gewürze, Postkarten oder Literatur anbieten. ● Datteln können Sie kostenlos probieren – sollten dann aber Ihre Lieblingssorte kaufen.

Jeden Freitag findet auf einem von Palmen beschatteten Platz neben der Stadtmauer eine ● Viehauktion statt, bei der Rinder, Ziegen und Schafe lautstark angepriesen und in einem fröhlichen Spektakel begutachtet werden. Besonders voll ist es vor religiösen Feiertagen, aber auch sonst vibriert an diesem Vormittag das gesamte Altstadtviertel. Es lohnt sich, früh aufzustehen und gegen 7.30 Uhr bei der Auktion zu sein, dann haben Sie genug Ruhe zum Fotografieren, bevor um 9 Uhr die ersten Reisebusse aus Muscat eintreffen.

Falls Sie es einrichten können, sollten Sie INSIDER TIPP schon am Donnerstagabend anreisen. Dann erleben Sie nämlich ganz entspannt den Fischverkauf im Souk, können sich orientieren, die Stille in den Gassen genießen und in Ruhe bei den Handwerkern einkaufen.

SULTAN-QABOOS-MOSCHEE

Angesichts der Ausstattung ihrer Namenscousine in Muscat sowie der religiösen Bedeutung Nizwas zeigt sich diese Moschee im Zentrum der Stadt überraschend schlicht in gedeckten Farben im Inneren. Männer dürfen nur in langen Hosen, Frauen nur mit Kopftuch (kein Verleih) und Oberteilen mit langen Ärmeln eintreten. *Sa–Mi 8–11 Uhr | Eintritt frei*

ESSEN & TRINKEN

AL FANAR RESTAURANT

Das Restaurant im Falaj Daris Hotel serviert internationale Küche, zu der Sie hier auch Alkohol trinken können. *Muscat-Nizwa Road Nr. 21, ca. 6 km vom Zentrum | Tel. 25 41 05 00 | €€*

AL-MANDI AL-DHAHABI RESTAURANT

Neben dem guten Blick auf die abends beleuchtete Stadtkulisse lockt interessante orientalisch-sansibarische Küche. *Am Wadi-Parkplatz vor der historischen Altstadt | Tel. 25 41 41 21 | €€*

AL RUBBAN RESTAURANT & COFFEESHOP

Das kleine, unscheinbare Restaurant bietet leckere und günstige indische Küche sowie frische Säfte. *Hauptstraße neben der Shell-Tankstelle | Tel. 25 41 01 16 | €*

BIN ATEEQ RESTAURANT

Die Inneneinrichtung ist zwar etwas düster, aber das machen die guten, original omanischen Gerichte – etwa getrockneter Hai in Kokoscurry oder *harees dajaj,* ein Gericht aus Hühnerfleisch und Brot – wieder wett. Man sitzt in Separees auf dem Boden. *1. Straße rechts hinter dem Wadi von Muscat kommend | Tel. 25 41 04 66 | €–€€*

EINKAUFEN

ALMUSHREQ ALARABI FLOUR MILL

Im kleinen Geschäft am zentralen Platz des Souk finden Sie exzellenten omanischen Honig, Datteln und verschiedene Arten frisch gemahlenen Kaffees – auch aus Dattelkernen(!). *Tgl. 9–12 u. 16–21 Uhr*

GEMÜSESOUK

In der Halle am südlichen Ende des Gemüsemarkts kann man Datteln und *halwa* probieren und die Lieblingssorte auch gleich kaufen. *Tgl. 9–13 u. 16–21 Uhr*

HISTORICAL BOOKSHOP

Postkarten, Briefmarken, Schreibutensilien, interessante Literatur (englisch) und ein nettes Gespräch über Oman verspricht ein Besuch in Ali Abdullah Said Al-Saifis Buchladen an der Straße zur Festung. *Tgl. 9–12 u. 16–21 Uhr*

NIZWA GRAND MALL

Lust auf Eislaufen? Das neue Versorgungszentrum der Stadt bietet neben dem exotisch-kühlen Vergnügen einen Lulu Hypermarket, Boutiquen, Elektronikgeschäfte, Restaurants und weiteres Freizeitvergnügen. *Sa–Do 10–22, Fr 14–22 Uhr | Nizwa-Salalah Road Nr. 31 | www.nizwagrandmall.com*

ÜBERNACHTEN

AL DIYAR HOTEL

Sauberes Haus mit Pool im nüchternen Innenhof, großzügigen Zimmern, ordentlichem Frühstücksbüfett und gutem Restaurant. *109 Zi. | Muscat-Nizwa Road Nr. 21 (ca. 4 km vom Zentrum) | Tel. 25 41 24 02 | www.aldiyarhotel.com | €€*

FALAJ DARIS HOTEL

Dank des gemütlichen Gartens mit zwei Pools und den drum herum gruppierten schönen Zimmern die erste Adresse in Nizwa. *55 Zi. | Muscat-Nizwa Road Nr. 21, ca. 6 km vom Zentrum | Tel. 25 41 05 00 | www.falajdarishotel.com | €€€*

Filigrane Kulinarik-Kunstwerke: traditionelles Brot im Museum Bait al-Safah

GOLDEN TULIP HOTEL

Das 4-Sterne-Hotel bietet angenehmen Komfort in etwas kleinen Zimmern. Der Pool liegt in einem grünen Garten, wer die Nacht zum Tag machen will, schaut im Nachtclub vorbei. Und raucht vorher gemütlich eine *shisha* auf der dafür vorgesehenen Terrasse. *120 Zi. | Hai A Thurat, 20 km östl. von Nizwa an der Straße nach Izki | Tel. 25 43 16 16 | www.goldentulipnizwa.com | €€€*

MAJAN GUEST HOUSE

Am östlichen Ortseingang an der Hauptstraße gelegenes einfaches, aber nettes Hotel. *21 Zi. | Nizwa Fort Rd. | Tel. 25 43 19 12 | www.majangh.com | €*

ZIELE IN DER UMGEBUNG

AL-HAMRA UND MUSEUM BAIT AL-SAFAH (134 C2) (*F5*)

Die *Oase al-Hamra* liegt vor einem großen Palmenhain am Fuß der Berge und erlaubt interessante Einblicke in die Lehmarchitektur der Vergangenheit. Von der Anhöhe gegenüber bietet sich ein wunderbares Gesamtmotiv, detaillierte Informationen über den historischen Alltag vermittelt das lebendige ★ *Museum Bait al-Safah (tgl. ca. 9–16 Uhr | Eintritt 3 RO)* in einem mehrstöckigen Lehmgebäude inmitten verlassener Häuser: Einheimische Frauen backen hier traditionelles Brot, mörsern Kaffee und zeigen die Herstellung von Ölen und Arzneien. Die eleganten Chalets des über al-Hamra am Berg gelegenen *The View (Tel. 24 40 08 73 | www.theviewoman.com | €€€)* bieten eine exklusive Übernachtungsmöglichkeit mit ungestörtem Blick aus der Badewanne ins Tal.

AL-HOOTA-HÖHLE ● (134 C2) *(🗺 F5)*
Wenn Sie hier vorbeischauen, erwartet Sie ein wahrhaft exklusives Erlebnis. Schließlich ist die Hoota-Höhle derzeit die einzige begehbare Tropfsteinhöhle Omans, ausgestattet mit Licht und Geländern. Es erwarten Sie neben schönen Gesteinsformen auch blinde Fische, die Sie in einem kleinen See begutachten können. Da die Höhle öfters geschlossen ist, informieren Sie sich telefonisch, falls möglich. Im Eingangsbereich gibt es ein Caférestaurant. *Di–Do, Sa/So 9–18, Fr 9–12 u. 14–18 Uhr | Al Hoota Caves Access Road, Rwadah-Hamra Road, ca. 20 km nördl. von Bahla | Tel. 24 39 12 84 | www.alhootacave.com*

BAHLA (134 B–C2) *(🗺 F5)*
Bahla ist eine Geisterstadt. Aber keineswegs verlassen und öde, im Gegenteil: Vital und lebendig geht es etwa freitags auf dem Wochenmarkt mit Viehauktion zu, wo Sie den Schustern und Schmieden über die Schulter blicken können. Auch in der Töpferei, in der Sie herzlich willkommen sind, geht es mit rechten Dingen zu. Aber warum dann die Nähe zum Übersinnlichen? Weil man manchen Einwohnern von Bahla magische Kräfte nachsagt! Die 13 km lange Stadtmauer etwa – die größte und längste des Landes – soll in einer einzigen Nacht entstanden sein. Und zwar mit Hilfe von Geistern, die sich offensichtlich auf Architektur spezialisiert hatten.
Bekannt aber ist Bahla vor allem für die Festung *Hisn Tamah (Sa–Do 9–16, Fr 8–11 Uhr | Eintritt 500 bz).* Sie ist die größte des Landes, wurde 20 Jahre lang bis 2015 restauriert, ist Unesco-Weltkulturerbe – und recht karg eingerichtet. Dennoch lohnt der Besuch: Die Fundamente gehen auf präislamische Zeiten zurück, das Fort war wiederholt Regierungssitz und wurde dementsprechend häufig erweitert. Der älteste Teil ist die INSIDER TIPP *Zitadelle (qasaba)* mit grandiosem Eingangsbereich, der durch einen hoch gelegenen Lichtschacht eindrucksvoll beleuchtet wird. Der jüngste Komplex, dessen Eingang im interessanten Originalzustand erhalten blieb, ist das *Bait al-Hadith:* Hier fand 1972 die historische Begegnung zwischen dem jungen Sultan Qaboos und den einflussreichen Stammesführern der Region statt. Rechts neben der Festung steht ein unscheinbarer Lehmkubus, auf dessen Rückseite eine Fensterfront den Blick freigibt in INSIDER TIPP das Innere einer Moschee aus der Frühperiode des Islam und einer *mihrab* (Gebetsnische) aus dem 14. Jh.

BIENENKORBGRÄBER
(134 B2) *(🗺 F5)*
Für die Erforschung der prähistorischen Geschichte Omans spielen Gräber eine besonders wichtige Rolle, gibt es doch sonst kaum Zeugnisse aus ferner Ver-

gangenheit. Besonders wichtig, weil sehr gut erhalten, sind die ihrer Form wegen Bienenkorb genannten Gräber zu Füßen des Jebel Misht nahe al-Ayn. Die in einer Reihe auf einem schmalen Felsrücken platzierten, aus grob behauenen Steinen aufgetürmten Bauten stammen aus der Bronzezeit und gehören zum Unesco Weltkulturerbe. Obwohl keine menschlichen Gebeine gefunden wurden, gaben sie den Archäologen dank der aufgefundenen Keramikscherben wichtige Auskünfte über Leben und Sterben der Menschen, die vor 5000 Jahren in der Region lebten. Die 18 Gräber zählen zu den am besten erhaltenen ihrer Epoche. Wer darin bestattet wurde, ist allerdings nach wie vor ein Rätsel. *Ca. 90 km von Jabrin*

JA'ALUNI (137 D–E 3–4) (*F8*)

In den 1960er-Jahren erlegten Wilderer die letzte Oryxantilope in Oman. Doch bereits 1975 richtete das Sultanat mit amerikanischer Hilfe bei Ja'aluni ein Naturschutzgebiet ein, um die edlen Tiere mit Erfolg wieder anzusiedeln. Auf dem Gelände gibt es ein kleines, informatives Museum und ein Gehege mit ca. 80 Tieren. Von Nizwa aus sind es gut 500 km Fahrt über die Route 31 nach Süden, Übernachtungsmöglichkeiten gibt es im nahen Haima. Für den Besuch braucht man eine kostenlose Genehmigung vom Umweltministerium in Muscat *(Tel. 24 69 35 37)*.

Stimmungsvolles Gotteshaus: Treffen in der Moschee von Bahla zur blauen Stunde

JABRIN ★ ● (134 B2) (*F5*)

Keine Wohnfestung Omans weist eine ähnlich vielfältige Innendekoration auf wie Jabrin. Bilarub bin Sultan al-Ya'aruba ließ die Anlage ab 1670 errichten und legte großen Wert auf eine farbenfrohe Ausstattung. Decken und Wände sind – bis heute teils im Original erhalten – mit arabischer Poesie und floralen Malereien verziert. Die Treppenaufgänge und Gewölbedecken wurden mit aufwendigen Stuckaturen versehen, und der östliche Innenhof mit den geschnitzten Holzbalkonen strahlt immer noch eine majestätische Ruhe aus. Dank massiver Mauern und Fenstern, die so ausgeklügelt angebracht sind, dass selbst der leiseste Lufthauch Kühlung versprach, ließ es sich hier während der heißen Sommermonate gut aushalten.

Blühende Schönheiten, die umgarnt sein wollen: Rosen auf dem Jebel Akhdar

Nach seiner Wahl zum Imam verlegte Bilarub 1688 den Regierungssitz nach Jabrin und lud Wissenschaftler verschiedener Fakultäten, darunter Mathematiker, Astrologen und Historiker, zu Studienzwecken in sein Wohnschloss ein. Im westlichen Gebäudetrakt findet sich auch die *madrasa*, die Koranschule. Sie blieb unvollendet, da der Bruder Bilarubs, Saif bin Sultan, selbst Imam werden wollte. Also scharte er einflussreiche Stämme um sich und belagerte Jabrin 1692 erfolgreich. Der Legende nach bat Bilarub angesichts der übermächtigen Streitmacht Allah um einen gnadenvollen Tod, der ihm auch gewährt wurde. Er wurde in seiner Festung bestattet. *Sa–Do 9–16, Fr 8–11 Uhr | Eintritt 500 bz*

JEBEL AKHDAR

(134 B–C 1–2) (F4–5)

Wie es sich für einen Berg gehört, herrscht auch auf diesem eine raue, geheimnisvolle Atmosphäre. Kein Wunder, lange war die Region militärisches Sperrgebiet, die Menschen blieben unter sich und bearbeiteten ihre an steilen Felsflanken gelegenen Terrassenfelder. Dort wachsen wegen der milderen Sommertemperaturen Granatäpfel, Aprikosen, Pfirsiche, Walnüsse und sogar Weintrauben. Daher auch der Name: „grüner Berg".

Erst 2005 erschloss eine Asphaltstraße die Region und die Stadt Sayq auch für Besucher. Sie ist so steil, dass der Polizeiposten unten im Tal nur Geländefahrzeuge passieren lässt. Neben den Felskanten mit herrlichem Blick in die Tiefe locken Wanderungen entlang der Terrassenfelder oder durch das Wadi Muaydin sowie der Besuch abgelegener Dörfer wie INSIDER TIPP *al-Ruus* oder der Ruinen im Wadi Habib.

Die Gegend ist eigentlich viel zu schön, um an einem Tag abgehakt zu werden, außerdem haben die Sonnenuntergänge ihren ganz eigenen Reiz hier oben. Deshalb sollten Sie übernachten, z. B. im *Alila Jabal Akhdar Resort (86 Zi. | nahe dem Dorf Al-Roos | Tel. 25 34 42 00 | www.alilahotels.com | €€€)*, einem herrlichen Haus mit eleganter Innenausstattung in phantastischer Lage, mit großem Pool und schönem Spa. Eine tolle Lage nahe den Sehenswürdigkeiten des Sayq-Plateaus hat auch das elegante INSIDER TIPP *Sahab Hotel (25 Zi. | Tel. 25 42 92 88 | www.sahab-hotel.com | €€€)*, dessen Fassade sich dank der verwendeten Natursteine in die Landschaft integriert und das Wander- und Klettertouren in der Region organisiert. Günstiger sind die Zimmer im privaten *Wohnhaus von Mubarak al-Hibi (Tel. 99 34 87 38 | €€€)*.

Besonders schön ist eine INSIDER TIPP Reise im März und April auf den „grünen Berg", wenn die Rosen in voller Blüte stehen. Dann werden ihre Blätter für die Produktion des berühmten Rosenwassers geerntet. Omanis verwenden es zum Kochen oder in Parfums.

JEBEL SHAMS (134 B1–2) (*F4–5*)

Mit 3009 m ist der „Sonnenberg" der höchste Gipfel Omans, er lässt sich nur mit einem Geländewagen erkunden. Die Fahrt beginnt bei dem Ort Ghul, einem der ältesten besiedelten Plätze Omans und dank der grünen Felder vor den verlassenen Steinhäusern ein beliebtes Fotomotiv. Am Parkplatz (auch für PKW erreichbar) verkaufen die Einwohner die für diese Region typischen Teppiche aus Ziegenhaar.

Ziel der Fahrt ist für die meisten Reisenden der ★ *Aussichtspunkt* an einer steil abfallenden Felskante in 2000 m Höhe. Hier fällt Ihr Blick nicht nur in Omans „Grand Canyon", das Wadi Nakhar, und auf seine bis zu 600 Mio. Jahre alten Gesteinsschichten, sondern auch auf die in der Steilwand angelegten Terrassenfelder von Sap Bani Khamis. Zu dem verlassenen Dorf führt ein INSIDER TIPP herrlicher Wanderweg. Dank mehrerer Übernachtungsmöglichkeiten können Sie die Bergwelt in aller Ruhe erkunden. Das *Jebel Shams Resort (20 Chalets, 15 Zelte | Tel. 99 38 26 39 | www.jebelshamsresort.com | €–€€)* nahe dem Aussichtspunkt bietet auch einen Coffeeshop und ein Restaurant. Das familienfreundliche *Sunrise Resort Jebel Asarh (30 verschiedene Unterkünfte | Tel. 94 10 09 00 | www.sunriseresort-om.com | €–€€)* organisiert Wanderungen in den Bergen.

MANAH (134 C2) (*F5*)

Wenige Kilometer südlich von Nizwa in Richtung Salalah liegt Manah, eine typische Lehmstadt der Region, die aufwendig restauriert wird. Deshalb ist sie nur eingeschränkt oder zeitweise leider gar nicht zu betreten. Wer Glück hat, kann einen Blick in eine der drei Moscheen werfen, deren Wände mit chinesischem Porzellan verziert und deren Gebetsnischen vergleichsweise prunkvoll gestaltet sind.

MISFAT AL ABRIYYIN ★
(134 B–C2) (*F5*)

Diese liebliche Bergoase gehört zu den eindrucksvollsten Orten des Landes. Unzählige kleine Terrassenfelder stapeln sich zwischen steilen Felswänden und dem immer noch lebenswichtigen Bewässerungskanal, sattgrünes Futtergras leuchtet unter majestätischen Palmen, während Transportesel über schmale Pfade balancieren. Bitte seien Sie besonders rücksichtsvoll, da Sie in den schmalen Gassen beinahe durch die Wohnzimmer der Menschen spazieren und es in der Vergangenheit schon Ärger gab.

Am frühen Morgen haben Sie die Oase fast für sich allein, deshalb lohnt sich eine Übernachtung besonders. Absteigen können Sie im *Misfah Old House (Tel. 92 80 01 20 | €€)*, einem kleinen Guesthouse mitten in der Oase. Die Zimmer sind zwar einfach und haben nur Bad auf dem Gang – aber: Luxus kann jeder, wirkliche Tradition hat nur das Echte!

SHARAF AL-ALAMAYN

(134 C2) *(F4–5)*
Von Süden führt eine gute Asphaltstraße auf knapp 2000 m zur Passhöhe Sharaf al-Alamayn. Der Blick schweift über die Bergwelt des westlichen Hajar mit der Ghubra Bowl, den Palmenhainen im Wadi Bani Awf und dem Eingang zum Wadi Sahtan. Kurz unterhalb der Höhe liegt das *Shorfet Al-Alamin Hotel (Tel. 99 44 90 71 | shorfetalamin@gmail.com | €)*. Trotz Heizung kann es hier nachts frisch werden, für Off-Road-Fahrer liegt es aber strategisch günstig an der Piste hinab Richtung Norden.

TANUF ● (134 C2) *(F5)*

Etwa 20 km hinter Nizwa zweigt rechts eine Straße zu den Ruinen der alten Lehmstadt Tanuf ab. Während des Jebel-Akhdar-Aufstands Ende der 1950er-Jahre, als sich ein abtrünniger Imam gegen den damaligen Sultan stellte, zerstörte die englische Luftwaffe den Ort. Da man die Bevölkerung jedoch gewarnt hatte, gab es kaum Opfer. Wind und Wetter haben Tanuf in eine bizarre Kulisse verwandelt, die Moschee und einige Häuser sind noch gut zu erkennen und schöne Fotomotive. Hinter dem Ort steht ein alter Maulbeerbaum neben dem noch wasserführenden Kanal, der sehenswert an die steilen Felsen gemauert wurde und ins Wadi Tanuf führt. Mit einem Geländewagen lohnt die Fahrt zum Damm und weiter hinein ins Tal.

INSIDER TIPP WADI NAKHAR

(134 B1–2) *(F4–5)*
Dieses Tal ist der vom Jebel Shams aus zu sehende „Grand Canyon" Omans. Das stellenweise sehr schmale *wadi*, das bei Ghul beginnt, ist nach Regenfällen selbst für Geländeautos oft unpassierbar. Wanderer mit wasserfestem Schuhwerk haben das wunderschöne Tal mit steilen Felswänden, kleinen, sich im Wind wiegenden Birken und mannshohen Schilfgräsern dann fast für sich allein, nur ein paar Ziegen stromern immer herum.

SUR

(135 F3) *(H5)* **Sur ist die östlichste Stadt Arabiens und liegt an einer weiten Bucht, in der alte Holzschiffe pittoresk am Ufer verrotten, während die Sonne malerisch über ihnen untergeht.**
Goldene Zeiten waren das im 18. und 19. Jh., als täglich mehr als 150 Schiffe den Hafen – einen der ältesten des Landes – besuchten und Handelsbrücken nach Indien, Südostasien und Afrika schlugen. Den stadteigenen Palmenhain, der die Seeleute mit Nahrung versorgte, gibt es heute noch. Nur fahren die Schiffe nicht

> **CITY WOHIN ZUERST?**
> Guter Ausgangspunkt für eine Besichtigung von Sur ist der **Parkplatz neben der Brücke über den Eingang der Bucht**. Zunächst schlendert man über die Brücke und erkundet die Gassen des Stadtteils Ayjah, genießt auf dem Rückweg einen Blick auf die Dhauwerften, die man anschließend besucht, und spaziert dann von dort weiter am Ufer der Bucht entlang zum Dhaumuseum.

mehr ganz so weit, denn die 100 000 Einwohner leben vom Fischfang oder arbeiten in der großen Erdgasverflüssigungsanlage vor den Toren der Stadt.
Die Schreiner von Sur, angesiedelt entlang der zentralen Hauptstraße, sind über die Stadtgrenzen hinaus bekannt für ihre hervorragende Schnitzfertigkeit: Kunstvoll verzieren sie massive Holztüren mit floralen Mustern. Zu bewundern sind die Türen etwa bei einem Spaziergang durch die schönen Gassen des INSIDER TIPP *Viertels al-Ayjah*. Sur ist idealer Ausgangspunkt für die Erkundung des östlichen Hajargebirges (nur mit Geländewagen!).

SEHENSWERTES

DHAUMUSEUM FATAH AL-KHAIR

Wenige hundert Meter entfernt von den Werften ragt ein hoher Mast in den Himmel: Er gehört zur Fatah al-Khair, einer 300-t-Fracht-Dhau, die in Sur gebaut wurde. Um 1970 ausrangiert und ins Ausland verkauft, kehrte sie 20 Jahre später als Museumsschiff zurück, wurde restauriert und liegt nun für immer hier vor Anker. Um den Segler herum erinnern weitere Schiffstypen an die alten Zeiten, das Gebäude auf dem offenen Gelände ist als Museum geplant, steht aber derzeit leer. *Tgl. | Eintritt frei | Sur-Ayjah-Rd.*

DHAUWERFTEN ★ ●

Mitte der 1970er-Jahre musste mangels Aufträgen in ganz Arabien von Kuwait bis Abu Dhabi eine Bootswerft nach der anderen schließen. Nicht so in Sur, wo der Staat die drei Werften – die sich ein großes Gelände teilen – am Leben erhält, um die traditionelle Handwerkskunst vor dem Aussterben zu bewahren. Darum riecht es hier bis heute so gut nach dem importierten Teakholz, aus dem die Schiffe von Hand gezimmert werden. In einer unscheinbaren Gara-

Wo gewitzte Schreiner die schönsten Türen schnitzen: im al-Ayjah-Viertel von Sur

ge mitten auf dem Werftgelände kann man hölzerne Dhaumodelle bestaunen – und auch kaufen. *Tgl. 8–19 Uhr | Eintritt frei | Sur-Ayjah-Rd.*

FESTUNG SINESILAS

Die Festung selbst bietet wenig, da sie kein Wohnschloss war, ist aber ein typisches Beispiel der lokalen Wehrarchitektur, und von ihrem Hügel hat man einen netten Blick über die Stadt.

Frischen Fisch gibt's dann morgen wieder: Fischerboote am Strand von Sur

ESSEN & TRINKEN

INSIDER TIPP ARABIAN SEA RESTAURANT

Nomen est omen: Hier werden sehr gute Gerichte aus Meeresfrüchten neben empfehlenswerten Leckereien aus der indischen Küche angeboten. *Markazi St., hinter dem Sur Plaza Hotel* | €–€€

OYSTER RESTAURANT

Die internationale Küche – darunter chinesisch und arabisch – wird hier entweder in Büfettform oder à la carte serviert. *al-Aise St., im Sur Plaza Hotel* | €€€

SAHARI RESTAURANT

Neben dem Blick über die weite Bucht überzeugt dieses einfache Restaurant mit arabischer Küche, Eilige bestellen aus der Fast-Food-Auswahl. *Sur-Ayjah-Rd., neben dem Ayjah Plaza Hotel* | €

EINKAUFEN

Im Zentrum der Stadt, dem Viertel *Harat al-Balush*, finden sich nah beieinander Banken, Geldautomaten, Schneider, Friseure, Stoff- und Elektrogeschäfte und Supermärkte. Souvenirjäger gehen dagegen eher leer aus.

FREIZEIT & SPORT

SUR TOUR

Die kleine lokale Agentur organisiert bei ruhiger See Touren mit einer Dhau. Da es kein Büro gibt, trifft man sich nach vorheriger Anmeldung im neuen Hafen, um von dort aus in See zu stechen. *Tel. 99 05 64 28 und 25 54 00 68*

AM ABEND

Für einen Drink zum Tagesabschluss bieten sich zwei Adressen an: Eine Gerstenkaltschale schmeckt sowohl im *Cheers* des Resort Sur Beach Holiday an der Strandpromenade als auch im *Captain's Pub* des Sur Plaza Hotels in der al-Aise Street – welches noch über die etwas elegantere *Sambuq Bar* verfügt, die zusätzlich Cocktails auf der Karte stehen hat.

ÜBERNACHTEN

AL-AYJAH PLAZA HOTEL

Gutes Mittelklassehotel mit etwas kühl eingerichteten Zimmern, aber nettem Personal und gutem Frühstück. *41 Zi. | Sur-Ayjah Rd. | Tel. 25 54 44 33 | www.alayjahplazahotel.com* | €€

AL JUMHOUR HOTEL APPARTEMENTS

Große Zimmer mit eigener Küche in zentraler Lage mit Parkplatz und Restaurants um die Ecke. *25 Zi. | Markazi St. | Tel. 25 54 44 14* | €

RESORT SUR BEACH HOLIDAY

Haus in schöner Lage am Meer (keine Bademöglichkeiten), Restaurant mit Meerblick. Die 109 Zimmer könnten mal frische Farbe vertragen, aber vom Preis-Leistungs-Verhältnis her sind sie akzeptabel und sauber. *Sherkiya, an der Strandpromenade | Tel. 25 53 03 00 | www.surhotelsoman.com* | €€

SUR PLAZA HOTEL

Das komfortable 3-Sterne-Haus mit Pool und Bar organisiert für seine Gäste auch Ausflüge in die Umgebung. *89 Zi. | al-Aise St. | Tel. 25 54 37 77 | www.omanhotels.com/surplaza* | €€€

ZIELE IN DER UMGEBUNG

AL-SALEEL-GAZELLENRESERVAT

(135 E3) (*H5*)

In dem 220 km² großen Park leben seltene Tierarten wie Wildkatzen und Füchse. Lohnenswert ist ein Besuch aber besonders wegen der zierlichen Sandgazellen: Sie werden zur Auswilderung hier in Zuchtgehegen großgezogen. Der Park ist ca. 60 km von Sur entfernt, der Abzweig von der Hauptstraße Richtung Ibra nach rechts ist ausgeschildert. Er ist keine touristische Einrichtung mit Öffnungszeiten: Fahren Sie einfach hin und bitten Sie um Einlass.

HAWIYAT NAJM PARK (135 E2) *(🕮 H5)*
Die kleine Grünanlage mit Blumen, Palmen, Toiletten und Schattendächern ist um eine Doline angelegt, also eine eingestürzte Höhle im Kalkgestein. Eine Treppe führt wenige Meter hinab zu dem kleinen Teich, in dem man baden kann. Omanische Familien kommen gern für ein Picknick hierher. *Ca. 50 km von Sur Richtung Muscat*

JA'ALAN BANI BU ALI (135 F4) *(🕮 H6)*
Der kleine Oasenort weist zwei Besonderheiten auf: erstens seine INSIDER TIPP massive Festung im Originalzustand (die privaten Besitzer sind an einer Restaurierung nicht interessiert) mit meist offenem Eingangstor – seien Sie aber in den verfallenden Mauern sehr vorsichtig! Zweitens die kleine Hamouda-Moschee aus dem 11. Jh. mit einer für Oman ungewöhnlichen Deckenarchitektur, die aus 48 Kuppeln besteht und an den Stil der Omayyaden erinnert. *80 km von Sur*

MAJLIS AL-JINN UND BURJ AL-KIBAYKIK (135 E2) *(🕮 H5)*
Für diese sehr spannende Fahrt ist ein Geländewagen nötig! Der Lohn der Mühe, wenn Sie beim Ort Shab über eine steile Piste die Bergflanke hinauffahren: Von oben genießen Sie einen fulminanten Blick über die Küste. Weiter in den Bergen liegt der Eingang zur *Majlis al-Jinn („Empfangsraum der Geister")*, der zweitgrößten Höhle der Welt – allerdings sieht man nur ein dunkles Loch im Boden. Interessanter sind da schon die 4500 Jahre alten Grabtürme *Burj al-Kibaykik*. Etwa 70 dieser rätselhaften Türme, deren Erbauer noch nicht eindeutig identifiziert wurden, stehen einzeln oder in kleinen Gruppen über den weiten Gebirgsrücken verteilt, einige sind gut erhalten, andere zusammengestürzt.

OLD CASTLE MUSEUM AL KAMIL (135 E3) *(🕮 H6)*
Das eigenwillige, weil von privat eingerichtete Museum zeigt Gegenstände des Alltags unter Vernachlässigung jedweder Museumspädagogik, wird aber mit viel Enthusiasmus betrieben. Das interessante Gebäude hat die Dimensionen einer kleinen Festung und seine Ursprünge im 17. Jh. *Sa–Do 9–18 Uhr | Eintritt 1 RO | Markazi St., 50 km von Sur im Landesinneren | www.old-castle-museum.com*

QALHAT UND MOSCHEE BIBI MARYAM (135 F2) *(🕮 H5)*
Etwa 20 km westlich von Sur liegen die Ruinen der Stadt *Qalhat*, die im 12. Jh. zum persischen Königreich gehörte, u. a. von Marco Polo besucht und von ihm als blühende Metropole beschrieben wurde. Im 15. Jh. zerstörten ein Erdbeben und portugiesische Kanonen Qalhat. Zu sehen sind heute noch die alte Zisterne und daneben die *Moschee der Bibi Maryam*, benannt nach einer persischen Königin.

RAS AL-HADD (135 F3) *(🕮 H5)*
Der kleine Ort befindet sich 60 km von Sur entfernt am östlichsten Punkt der Arabischen Halbinsel. Sehenswert ist die kleine *Festung (So–Do 8–18 Uhr | Eintritt frei)* und in der INSIDER TIPP kleinen geschützten Bucht lässt es sich herrlich baden. Das Strandhotel *Turtle Beach Resort (50 Zi. | Tel. 25 53 30 00 | www.tbroman.com | €€)* bietet urige Palmhütten zum Übernachten und ein gutes Restaurant. Es ist ein besserer (weil ruhigerer und günstigerer) Schlafplatz als das 6 km entfernt liegende teure Hotel bei Ras al-Jinz.

RAS AL-JINZ (135 F3) (🕮 H5)

Ras al-Jinz ist das Naturschutzgebiet für Meeresschildkröten und der einzige Strand, an dem man den bedrohten Tieren bei der nächtlichen Eiablage unter Aufsicht zusehen darf. Eine Anmeldung für die Führungen ist unbedingt erforderlich. Im Besuchszentrum sind ein informatives *Museum (tgl. 9–20 Uhr | Eintritt 1 RO)* und 31 Gästezimmer *(Carapace Rooms | €€)* untergebracht. *Ras al-Jinz Turtle Reserve | Tel. 96 55 06 06 | www.rasaljinz-turtlereserve.com*

WADI SHAB ● UND WADI TIWI
(135 E2) (🕮 H5)

Reinlaufen – hinsetzen – Augen zu und Ohren auf: So könnte ein Besuch von *Wadi Shab* aussehen, 40 km von Sur entfernt und eines der schönsten Täler Omans. Denn sobald man den schnöden Eingang mit kurzer Bootspassage *(1 RO)* unter der Autobahnbrücke hindurch hinter sich hat, wird es nach wenigen Gehminuten idyllisch: Wasser plätschert zwischen steilen Bergwänden, Felsen und Gräsern. Das Tal strahlt Ruhe aus, in den Palmen werkeln Gärtner und winken Ihnen fröhlich zu. Packen Sie Ihre Badesachen ein, denn nachdem Sie etwa 45 Min. bis ans Ende des *wadis* gewandert und geklettert sind, können Sie in den INSIDER TIPP Pools unter Felsen hindurch in eine Schwimmhöhle tauchen.

In das benachbarte *Wadi Tiwi* führt eine 10 km lange ☀ Piste, an deren Ende Sie einen schönen Blick über das Tal haben. Das *Wadi Shab Hotel (34 Zi. | Tel. 24 75 76 67 | www.wadishabresort.com | €€–€€€)* erlaubt den stressfreien Besuch beider Wadis an einem Tag, in der Ortschaft Tiwi gibt es gute Restaurants, z. B. das *Mubarak bin Juma Restaurant. (Main St | Tel. 92 36 96 35 | €–€€)*.

Nur Kletterexperten schaffen's in den „Empfangsraum der Geister": die Höhle Majlis al-Jinn

DER SÜDEN & RUB AL-KHALI

Wenn es in der Dhofarregion regnet, sieht man lachende Gesichter: Die Gäste aus den arabischen Nachbarstaaten freuen sich ein Loch in den Bauch über den Gruß aus feuchten Monsunwolken. Mit den sagenumwobenen Weihrauchbäumen, den endlosen weichen Stränden an der Küste und der größten Sandwüste der Erde, der Rub al-Khali mit ihren orangerot leuchtenden Dünen, finden sich im Süden des Landes aber auch mehrere der schönsten Naturschätze Omans.

Die Region Dhofar bedeckt nahezu ein Drittel Omans und reicht von der jemenitischen Grenze im Westen gut 500 km Richtung Nordosten. Eigentlich bezeichnet der Name nur das Kalksteingebirge, das die Ebene rund um die Provinzhauptstadt Salalah begrenzt. Dort leben die *jebalis* (von arabisch *jebel*, Berg), die sich durch Kleidung und Sprache – einen schwer verständlichen, südarabischen Dialekt – von der omanischen Küstenbevölkerung unterscheiden. Man erkennt sie am freien Oberkörper und den um die Hüfte geschlungenen Tüchern. Ihnen gehören die riesigen Kamel- und Rinderherden, die sie als Statussymbol halten. Diese sind nicht nur zum wesentlichen Charaktermerkmal der Berge geworden, sondern zwingen auch jeden Autofahrer zu erhöhter Aufmerksamkeit.

Die Berge sind auch für das Klima Dhofars verantwortlich, denn in den heißen Sommermonaten tragen starke Monsunwinde viel Feuchtigkeit an die Küste. Doch während sie im Flachland

Bild: Souly Bay bei Salalah

Die landschaftliche Vielfalt aus Wüste, Bergen, Stränden und einem besonderen Klima locken in die größte Provinz Omans

weiter nordöstlich wirkungslos verdunstet, stauen die gut 1800 m hohen Berge die Wolken. Sie bescheren der Gegend von Juni bis September viel Nieselregen und durchschnittlich 30° C, während das restliche Arabien unter der Hitze von bis zu 45° C ächzt. Deshalb trifft man in dieser Zeit, *khareef* genannt, viele Gäste aus den arabischen Nachbarstaaten.

In der Antike ermöglichte Weihrauch der Region einen komfortablen Wohlstand und brachte ihr die Bezeichnung „Arabia felix" ein – „glückliches Arabien". Ansonsten liegt die regionale Geschichte größtenteils im Dunkeln, zu den wechselnden Herrschern zählten Perser, Osmanen und Piraten. Seit 1877 gehört der Dhofar zwar offiziell zu Oman, allerdings hatten die Sultane wenig Einfluss. Der kam erst mit Sultan Qaboos nach der Beendigung des Dhofarkriegs 1975, in dem die Bevölkerung der Region sich gegen den alten Sultan erhoben hatte. Seitdem geht es den 350 000 Einwohnern u. a. dank der florierenden Fischerei und Landwirtschaft immer besser. Dazu

Jungs, hier gibt's Feines zu futtern: Fischer-Alltag an der Dhofarküste

tragen auch spektakuläre Straßenbauten bei, die grandiose Blicke über eine der schönsten Gebirgs- und Küstenlandschaften Omans freigeben. Zu ihnen gehören die Haarnadelkurven an den beiden Steilwänden des Wadi Afawl ca. 50 km westlich von Salalah und die neu eröffnete Passage von Hasik nach Shuwaymiyah.

SALALAH

(136 B6) (*◫ C11*) **Gut 15 km erstreckt sich die Stadt Salalah (200 000 Ew.) an der südlichen Küste des Dhofar. Ihre herrlich weißen Sandstrände werden gesäumt von windschiefen Kokospalmen und dichten Plantagen aus Früchte tragenden Papaya- und Mangobäumen und großblättrigen Bananenstauden.**

Dabei ist es noch gar nicht lange her, dass Salalah ein kleines Nest war. Noch in den 1940er-Jahren beschrieb der englische Reisende Wilfred Thesiger den örtlichen Markt als kleine Ansammlung windiger Lehmbuden – die allerdings eine der wichtigsten Versorgungsstationen entlang einer fast 1300 km langen Küstenlinie darstellten. Die Buden sind natürlich längst verschwunden, haben Platz gemacht für schmucke Neubauvier-

CITY WOHIN ZUERST?

Am besten parken Sie Ihren Wagen beim zentralen **Busbahnhof in der 23rd of July Street** im Herzen der Stadt, wo die Überlandbusse aus Dubai und Muscat ankommen. Gleich nebenan liegen der lebendige Zentralmarkt und die elegante Sultan-Qaboos-Moschee. Nur zehn Minuten sind es mit dem Auto zum Weihrauchmarkt, der Corniche und dem Sultanspalast.

tel, moderne Straßen, lebendige Märkte und eine wachsende Zahl einladender Badehotels. Nur vereinzelt finden sich in der Stadt noch Relikte aus vergangenen Zeiten wie etwa die Kalksteinhäuser im Hafah-Viertel, deren markante Zinnen ein Hinweis auf den jemenitischen Ursprung der Einwohner sind.

In den kommenden Jahren stehen Salalah einschneidende Veränderungen bevor, denn der gesamte Küstenabschnitt östlich des Sultanspalasts wird umgestaltet. Die alten, maroden Häuserzeilen direkt am Strand wurden bereits abgerissen und auch die Tage des Weihrauchmarkts in seiner jetzigen Form sind gezählt. Denn laut den Plänen des Tourismusministeriums entsteht hier ein neuer Markt in traditioneller Architektur. Den einheimischen Frauen werden darin geräumigere und klimatisierte Geschäfte zur Verfügung gestellt werden, nette Cafés und internationale Restaurants das Angebot erweitern und landestypische Hotels schöne Übernachtungsmöglichkeiten anbieten.

Ein typisches Merkmal der Küste rund um Salalah sind die vielen Lagunen *(khor)*, deren Wasser wegen der starken Monsunregen eine wechselnde Salzkonzentration aufweisen. Nur besondere Pflanzen und Fische können darin überleben, darunter dichtes Schilfgras, in dem viele Vögel sichere Brutgebiete finden. Zu den schönsten Buchten gehören *Khor Salalah* und INSIDER TIPP *Khor Mughsail*, wo Kamele und Rinder knietief im Wasser grasen und Flamingos friedlich ihre Kreise über dem Meer ziehen.

SEHENSWERTES

AL-HUSN

Der Sultanspalast ist natürlich nur von außen zu besichtigen, aber bei einem kleinen Abstecher ab dem Weihrauch-

MARCO POLO HIGHLIGHTS

★ Fazayah-Bucht
Weißer, weicher Sandstrand, umgeben von bizarr geformten Kalksteinfelsen am klaren Wasser des Indischen Ozeans – Badeherz, was willst du Meer?! → S. 84

★ Rub al-Khali
Versteckte kleine Oasen zwischen leuchtenden Sandbergen und die wunderschönen Licht- und Schattenspiele verleihen der Wüste eine besondere Magie → S. 86

★ Sumhuram
Weihrauch hat die uralte Hafenmetropole reich gemacht. Zwischen den Ruinen und im Museum werden 1500 Jahre omanische Geschichte wieder lebendig → S. 86

★ Festung Taqah
Irgendwie hätte man so eine kleine Festung auch gern zu Hause – luftiger Innenhof für sommerliche Feste, genug Gästezimmer und ein schöner Blick von den Zinnen aufs Meer → S. 87

★ Wadi Darbat
Eines der schönsten Täler Omans, dank seines fast ganzjährigen Wasservorkommens, das Flora und Fauna verschwenderisch sprießen lässt → S. 89

★ Weihrauchmarkt
Kaugummi mit Weihrauchgeschmack? Gibt's im Hafah Souk – einfach mal probieren, riechen und fröhlich feilschen → S. 81

markt kommen Sie bei einem Spaziergang unter Königspalmen an dem kleinen Uhrturm und dem mächtigen Eingangstor vorbei.

AL-BALEED UND WEIHRAUCHMUSEUM

Nur wenige Meter vom Strand entfernt liegen die Unesco-geschützten Ruinen der antiken Stadt *al-Baleed* („die Stadt"), die als Vorgängerin des heutigen Salalah gilt und für deren Aufbau man angeblich einst einen Großteil der alten Steine verwendete. Die ersten Menschen siedelten wahrscheinlich bereits um 1000 v. Chr. an dieser Stelle in einer Stadt namens Zafar, aus der sich später die Bezeichnung Dhofar für Omans Südregion ableitete. Rund 2000 Jahre später baute man die große Moschee, deren Grundmauern und 144 Säulensockel von deutschen Archäologen Mitte der 1990er-Jahre freigelegt wurden. Ihre Blütezeit erlebte al-Baleed im 13. und 14. Jh., von der sich auch berühmte Reisende wie Marco Polo und Ibn Battuta schwer beeindruckt zeigten – zumindest beschrieben beide die Schönheit der Stadt und den Wohlstand, den Händler mit Weihrauch und Pferden erwirtschafteten.

Das *Weihrauchmuseum* auf dem Gelände beschäftigt sich nur am Rande mit al-Baleed. Trotz seines Namens liegt der Fokus nicht auf edlen Räucherstoffen, sondern auf der gesamten omanischen Geschichte von Geografie über Seefahrt bis zur heutigen modernen Entwicklung. Zwei kleine Geschäfte verkaufen Weihrauch, Literatur und Souvenirs. *Sa–Mi 8–14 u. 16–20 Uhr, Do/ Fr 16–20 Uhr | Eintritt 2 RO pro Auto | Sultan Qaboos St.*

NABI IMRAN

Das 33 m lange (!) Grab liegt im Garten einer kleinen Moschee. Nabi bedeutet Prophet, aber wer hier bestattet wurde, ist nicht ganz klar. Es könnte ein Lokalheiliger sein, manche Forscher bringen den Bestatteten auch mit dem Vater der heiligen Maria in Verbindung. *Sa–Do 8–20 Uhr | Eintritt frei | al-Matar St.*

SULTAN-QABOOS-MOSCHEE

Sie ist längst nicht so groß wie ihr Pendant in Muscat, in dem 20 000 Gläubige Platz finden – hier sind es gerade mal

LOW BUDG€T

So frisch und günstig wie an den Holzbuden entlang der Straßen in den Palmenplantagen (z.B. in Salalahs Stadtteil Dahariz) bekommen Sie sonst nirgends frische Kokosnüsse, Papayas oder die kleinen, süßen Bananen, für die der Süden Omans bekannt ist.

Indische Restaurants gibt es unzählige in Oman, aber im *Wardat Al Janoob Restaurant (tgl. | al-Salamah St. | Tel. 23 23 47 63)* in der Salamah Street isst man ausgezeichnet zu fast indischen Tarifen.

Unter der Woche ist der Strand von Mughsail **(136 B6)** ***(⊞ B11)*** so gut wie menschenleer, und man hat die Schattenpavillons fast für sich alleine, ohne einen *baiza* dafür zu bezahlen.

Gerade mal 1 Rial zahlen Sie auf dem Weihrauchmarkt von Salalah für das Einsteigerset in die Räucherwelt inklusive Kohle und Weihrauchbrenner. Meist gibt's noch ein kleines Parfumfläschchen dazu.

Die Sultan Qaboos Moschee von Salalah ist hell und freundlich – auch innen!

3200 Menschen. Ihr Interieur wirkt dafür nicht so überladen, sondern strahlt dank der hellen, freundlichen Farben vielmehr eine luftige Leichtigkeit aus. Dazu tragen auch die bunt bemalten Fenster bei, die viel natürliches Licht einlassen – so entsteht insgesamt eine einladende Atmosphäre, die zum Innehalten und Verweilen einlädt. Der separate Gebetsraum für die Frauen – die *Ladies Prayer Hall* – befindet sich auf der Nordseite der 2009 eingeweihten Moschee. Nichtmuslime beachten bitte die Kleiderordnung: lange Hosen für alle sowie langärmlige Oberbekleidung und Kopftuch für die Frauen. *Sa–Do 8–11 Uhr | Eintritt frei | 23rd of July St.*

ESSEN & TRINKEN

AL SAMAK

Frisch zubereitete Meeresfrüchte genießen Sie hier mit Blick über den beleuchteten Yachthafen der Salalah Beach Marina. *Tgl. | Taqah Rd., im Juweirah Hotel | Tel. 23 23 96 00 |* €€

INSIDER TIPP BAALBEK RESTAURANT

Sehr gutes libanesisches Restaurant mit Außensitzplätzen. Die Gerichte sind einen Tick teurer, aber jeden *baiza* wert. Reservierung empfohlen. *Tgl. 18–24 Uhr | 23rd of July Rd. | Tel. 23 29 88 34 | €–€€*

DOLPHIN BEACH RESTAURANT

Sehr stimmungsvolles Strandrestaurant mit internationaler Küche, guten Fischgerichten und einer Alkohollizenz. *Tgl. 12–15 u. 19–22.30 Uhr | al-Khandaq St., im Crowne Plaza Hotel | Tel. 23 23 80 39 | €€€*

Was raucht und schmaucht denn da so fein? Weihrauch im Hafah Souk

GREEN COUNTRY RESTAURANT

Schon mal Kamel probiert? In diesem kleinen Restaurant essen auch Omanis gerne wegen der guten Fleischgerichte und weil man draußen sitzen kann. *Tgl. 9–23 Uhr | al-Salaam St. | Tel. 23 29 77 34 | €–€€*

HASSAN BIN THABIT RESTAURANT

Das Restaurant bietet eine große Auswahl an vegetarischen und Fisch- und Fleischgerichten aus der asiatischen und arabischen Küche. Köstlich ist z. B. das INSIDER TIPP *prawn masala* mit Krabben nach einem indischen Rezept. *Tgl. 16–24 Uhr | 23rd of July St. | Tel. 23 29 10 10 | €*

EINKAUFEN

GOLD- UND SILBERSOUK

In der 140 m langen Gasse bieten die hier ansässigen Juweliere eine schöne Auswahl an fein gearbeiteten Arm- und Fußreifen, Ringen und Halsketten mit überwiegend indischen Stilelementen. Mit etwas Glück finden Sie auch ein schönes omanisches Schmuckstück. *Tgl. 9–12 u. 16–22 Uhr | al-Nahdah St.*

LULU HYPERMARKET

Gleich zwei Filialen dieser landesweit vertretenen Supermarktkette mit dem riesengroßen Angebot gibt es in Salalah. Die ältere und kleinere finden Sie in der *al-Matar Street* im Osten und die neue, größere in der *al-Rubat Street. Tgl. 9–23 Uhr*

SALALAH GARDENS MALL

In dem großen, luftigen Freizeitkomplex finden sich neben einem Kino auch Restaurants, Cafés und unterschiedlichste Shops, von der neuesten Kommunikationselektronik über Boutiquen bis zu traditionellen Handwerksprodukten. *Tgl. 9–24 Uhr | al-Rubat St. | www.salalahmall.com*

SALAM STREET

Die Salam Street zieht sich von Ost nach West durch Salalah und ist im Zentrum eine Einkaufsmeile mit Boutiquen, Parfümerien, Apotheken und Elektronikgeschäften. Abends belebt sich vor allem die Kreuzung zur Nahda Street, wo sich auch Geldwechsler und der Eingang zum Goldsouk befinden.

WEIHRAUCHMARKT ★

Pfefferminz kann doch jeder! Auf dem vergleichsweise kleinen Hafah Souk nahe dem Strand im gleichnamigen Stadtteil gibt es Weihrauch nicht nur in verschiedenen Formen und unterschiedlichster Qualität in Stücken und als Öl, sondern auch als Kaugummi mit magenfreundlicher Wirkung. Daneben bieten die einheimischen Frauen, die sehr hilfsbereit sind und immer ein freundliches Lächeln für ihre Kunden haben, in ihren kleinen Läden zahlreiche andere Duftstoffe an: mildes Sandelholz, würzige Myrrhe oder das schwere Oud, ein teures Räucherholz des Adlerholzbaums. Bunte Weihrauchbrenner, mal traditionell, mal in modernen Glitzerfarben, ergänzen das Angebot. Wer noch keine passende Kopfbedeckung für Ausflüge in die Wüste hat, findet hier eine gute Auswahl an schönen Kopftüchern *(massar)*, vor allem die für Südoman typischen mit Troddeln.

Unübersehbar sind die drei jemenitischen Restaurants bei den Parkplätzen, in denen Sie draußen sitzen und frische Säfte, sehr gute Grillspieße, große, knusprige Brotfladen frisch aus dem Ofen oder leckere Vorspeisen wie *hummus* oder *mutabbal* günstig genießen können. *Tgl. 8–12 u. 16–21.30 Uhr | Sultan Qaboos St.*

INSIDER TIPP CENTRAL MARKET

Natürlich können Sie auch zum Einkaufen herkommen. Schließlich gibt es hier die größte Auswahl an saftigen Datteln, frischem Obst, buntem Gemüse, fangfrischen Makrelen oder Thunfischen und Fleisch aus der Region von Ziege, Rind oder Kamel. Spannender aber ist es, wenn Sie sich (vorzugsweise am Vormittag) hierher aufmachen, um in einem der kleinen Restaurants einen Tee oder frischen Saft zu bestellen, sich zurückzulehnen und den Mikrokosmos aus würdigen *jebalis* mit zerfurchten Gesichtern und eigenwilliger Kleidung, fröhlichen Händlern, feilschenden Frauen und fleißigen Trägern zu beobachten. *Tgl. 8–21 Uhr | 23rd of July St.*

STRAND

Der Sandstrand von Salalah zieht sich die gesamte Küste vor der Stadt entlang. Der schönste Abschnitt beginnt auf Höhe des Weihrauchmarkts in Richtung Osten. Eine Flaniermeile auf Stelzen mit kleinen Pavillons vor der antiken Stadt al-Baleed stand bei Redaktionsschluss dieses Reiseführers kurz vor der Fertigstellung, dort sollen kleine Geschäfte und Restaurants einziehen. Im Stadtteil Dahariz gibt es einige Strandrestaurants mit kleiner Auswahl an Grillgerichten.

FREIZEIT & SPORT

DOPLHIN TOURS

Mehr als 20 Arten von Walen und Delphinen leben ganz oder zeitweise in den Gewässern vor der Küste Dhofars – und eine davon taucht mit Sicherheit bei einer dieser morgendlichen Touren an die Oberfläche. Angeboten werden sie z. B. von *Arabica Orient Tours (Tel. 24 49 05 00 | www.arabicaorient.com/excursion-salalah.php).*

SALALAH BEACH MARINA

Im Zentrum dieser neuen Wohn- und Freizeitanlage wenige Kilometer außerhalb von Salalah an der Straße nach Taqah im Osten liegt der Yachthafen mit seinen 200 Liegeplätzen, die bereits von einigen schmucken Booten belegt sind. Und die ersten Touristenboote starten von hier zu Schnorchelausflügen, zum Hochseefischen oder einfach zu Fahrten entlang der Küste zum Sonnenuntergang.
An Land geht es dagegen noch etwas ruhiger zu, denn von den acht geplanten Hotels sind erst drei fertig und auch die beiden 18-Loch-Golfplätze sind noch nicht in Betrieb. Geöffnet haben dagegen schon ein paar chillige Cafés am Hafen und in den Restaurants der drei erwähnten Hotels findet sich mit Sicherheit auch etwas für Ihren hungrigen Magen – schließlich werden internationale Köstlichkeiten gereicht. *www.salalahbeach.com*

TAUCHEN

Es gibt in mehreren Hotels die Möglichkeit, eine Tour zu buchen und Ausrüstung zu mieten, etwa im *Sub Aqua Dive Center* im Hilton Hotel oder im Crowne Plaza. Das Tauchgebiet von *Extra Divers (Marriott Resort | al-Fatah St. | Mirbat | www.extradivers-worldwide.com)* ist besonders empfehlenswert.

AM ABEND

AL KHAREEF PUB

Die Kneipe im Stil eines englischen Pub bietet gute Drinks und Cocktails und einen feinen Blick auf den Ozean. *Tgl. 12–15 u. 18–2.30 Uhr | al-Khandaq St., im Crowne Plaza Hotel | Tel. 23 23 80 36*

THE OASIS CLUB

Die angesagte Adresse liegt etwas außerhalb der Stadt nahe dem Hafen von Raysut. Das Lokal bietet einen gute Auswahl an Drinks und Bieren, den Hunger können Sie u. a. mit guten Steaks effektiv bekämpfen. *Tgl. 11–22 Uhr | Mina St. | Raysut | Tel. 23 21 92 48*

WHISPERS

Legere Bar mit gelegentlicher Livemusik oder Tanzshows. *Tgl. 18–2 Uhr | Sultan Qaboos St., im Hilton Resort*

ÜBERNACHTEN

AL BALEED RESORT BY ANANTARA

Teure Eleganz am Strand direkt neben der antiken Stadt al-Baleed. Mit großem Infinitypool, exzellentem Spa und einzigem *hammam* der Stadt. *40 Zi., 96 Villen | al-Muntaza St. | Tel. 23 23 87 05 | www.salalah.anantara.com* | €€€

ARABIAN SEA VILLAS

Pension mit orientalisch angehauchten Zimmern direkt am Strand. Geführt wird sie von Musallim, der auch INSIDER TIPP Touren in die Wüste leitet bzw. organisiert. Günstige Restaurants liegen um die Ecke. *20 Zi. | al-Dahariz St. | Tel. 23 23 58 33 | www.arabian-sea-villas.com* | €

BEACH RESORT SALALAH

Schlicht eingerichtetes Haus mit kühler Atmosphäre und einfachem, aber gutem Frühstück. In den geräumigen Zimmer haben Sie Blick auf den Ozean, der Strand liegt direkt vor der Tür. *48 Zi. | al-Dahariz St. | Tel. 23 23 61 70 | www.beachresortsalalah.com* | €

Nach Hause fahren? Nie wieder! Strandparadies Crowne Plaza Resort am Indischen Ozean

CROWNE PLAZA

Das Crowne Plaza im Osten Salalahs verfügt über eine der besten Strandlagen und einen Pool im großen, mit Schatten spendenden Palmen bestandenen Garten, wo sich auch ein Restaurant mit Bar befindet. *250 Zi. | al-Khandaq St. | Tel. 23 23 80 00 | www.ihg.com* | €€

HILTON SALALAH RESORT

Am westlichen Stadtrand, mit schönem Strand und einladender Poollandschaft, großem Sportangebot sowie Restaurant und Bar im Garten mit Meerblick. *147 Zi. | Sultan Qaboos St. | Awqad al-Janubiyyah, 10 Min. vom neuen Flughafen | Tel. 23 13 33 33 | www3.hilton.com* | €€€

JUWEIRA BOUTIQUE HOTEL

Sehr schönes Hotel in der Salalah Beach Marina: INSIDER TIPP luftige Zimmer im orientalischen Stil mit eigener Terrasse, gutes Fischrestaurant und gemütliche Bar. *82 Zi. | Taqah Rd. | Tel. 23 23 96 00 | www.juweirahotel.com* | €€–€€€

ROTANA

Das große, familienfreundliche Badehotel liegt in der Salalah Beach Marina. Mama und Papa freuen sich nicht nur über die eleganten Zimmer, sondern auch über die Kinderbetreuung, den Pool, die Strandliegen und das Spa. *400 Zi. | Taqah Rd. | Tel. 23 27 57 00 | www.rotana.com* | €€€

SALALAH BEACH VILLAS

Nicht nur die familiäre Atmosphäre begeistert – sind genügend Gäste da, wird ein leckeres Fischcurry für alle zubereitet –, sondern auch die netten Zimmer, das Frühstück mit Blick aufs Meer und das sehr hilfsbereite Personal. Dass der Pool klein ist, macht überhaupt nichts, der herrliche Sandstrand liegt nämlich direkt vor der Tür. Bei längerem Aufenthalt lohnt die Buchung eines INSIDER TIPP Dachzimmers mit großer Terrasse. *30 Zi. | al-Dahariz St. | Tel. 23235999 | www.beach-villas-salalah.com* | €

Wer die Piste ins Wadi Shuwaymiyah schafft, wird reich belohnt

SALALAH HOTEL

Sehr gute Lage im Zentrum, saubere Zimmer mit Bad, WLAN steht ebenfalls zur Verfügung. *35 Zi. | al-Suq St., gegenüber Busbahnhof und Zentralmarkt | Tel. 23295626* | €

SOULY LODGE

Gemütliche Holzbungalows mit eigener Terrasse am weißen Sandstrand – schöner geht Meerblick kaum! Abends Lagerfeuer und Frisches aus der arabischen Küche. *15 Zi. | 3 km östl. der Salalah Beach Marina | Tel. 95438661 | www.soulylodge.com* | €€€

ZIELE IN DER UMGEBUNG

FAZAYAH-BUCHT ★ (136 B6) (*🕮 B12*)

Bereits die Fahrt zur großen Bucht von Fazayah ca. 80 km westlich von Salalah macht Laune, denn die Strecke führt am Strand von Mughsail *(s. S. 86)* vorbei zu den Haarnadelkurven an den Flanken des Wadi Afawl und weiter auf die Höhen des Jebel Qamar. Dort oben fühlt man sich ein bisschen wie der Ausguck im Mast eines Segelschiffs: Meeresbrise und ungetrübter Blick bis zum Horizont, nur sind da eben auch noch die steilen Felsklippen mit ihren bizarren Formationen. Eine steile, aber gute Piste führt hinab zu mehreren kleinen und großen Buchten mit feinen Sandstränden, wo Sie eigentlich spontan campen könnten – oder auch geplant: Decke und Kissen im Hotel leihen (aber wiederbringen!) und im Restaurant oder Supermarkt ein paar Leckereien zum Naschen mitnehmen.

HASIK UND WADI SHUWAYMIYAH

(136 C5–6) (*🕮 D10–11*)

Hinter Mirbat beginnt eine geniale Strecke durch kleine Täler und entlang der felsigen Küste – nur gut, dass man heutzutage dank dicker Speicherkarten einfach drauflosknipsen kann. Ist zwar schade, dass die Strecke gerade ausgebaut wird, aber zur Versöhnung gönnen Sie sich einen frisch zubereiteten Fisch im einfachen *Burj Hasik Restaurant (Mina St. | Tel. 99 28 73 87 | €)* in Hasik. Einen weiteren Tag investieren Sie am besten in die grandiose Asphaltstraße durch das Dhofargebirge, die über unbeschreiblich schöne Serpentinen führt, mit weiten Ausblicken über die Küste. Ziel ist das fulminant schöne *Wadi Shuwaimiyah* mit seinen steilen Kalkfelsen, natürlichen Pools und einer Palmenoase am Ende der 20 km langen Piste – für die allerdings ein Geländewagen nötig ist. Im Küstenort Shuwaymiyah gibt es kleine Läden und Restaurants, übernachten können Sie im *Guesthouse neben der Tankstelle (Main St. | Tel. 99 14 86 30 | €)*.

JOB'S TOMB (136 B6) *(B11)*

Der Mann, der sprichwörtlich die schlechten Botschaften überbringt, wird im Islam als Nabi Ayoub (Prophet Hiob) verehrt – und muss ganz schön groß gewesen sein: Sein Grab ist stolze 4 m lang und liegt gut ausgeschildert *(Job's Tomb)* am Hang des Jebel Qamar im lieblichen Garten einer kleinen Moschee. Der Fußabdruck des Propheten, der sich angeblich unter dem Metalldeckel vor der Eingangstür verbirgt, hat die Schuhgröße 78! *Immer geöffnet | Eintritt frei | 27 km westl. von Salalah, Richtung An Nabi Ayyub*

MIRBAT (136 C6) *(C11)*

Die bewegte Geschichte der Hafenstadt reicht bis ins 10. Jh. zurück, in ihrer Karriere war sie sowohl gefürchtetes Piratennest als auch erfolgreicher Weihrauchhafen. Aus letztgenannter Zeit, die im 18. Jh. endete, stammen die schönen alten Kaufmannshäuser der Altstadt. Der Zahn der Zeit hinterließ leider deutliche Spuren – doch nun werden die Häuser akribisch restauriert. Eine schöne Atmosphäre herrscht im kleinen Hafen, wo Sie im INSIDER TIPP *Sea Restaurant (Tel. 92 96 01 01 | €€)* leckere Fischgerichte serviert bekommen. Vor den Toren der

KEINEN KATER DANK CANNABIS

Im Süden Omans gedeiht der Weihrauchbaum *(boswellia sacra)* mit seinem wohlriechenden Harz, dem die unterschiedlichsten Wirkungen nachgesagt wurden. Die alten Ägypter benötigten das Harz zur Einbalsamierung, das antike Rom importierte es massenweise wegen seiner desinfizierenden Wirkung. Im antiken Griechenland wurde Weihrauch gegen allerlei Krankheiten eingesetzt. Allerdings findet sich dort auch eine Warnung gegen übermäßigen Gebrauch, denn der könne zur Betäubung führen. Ende der 1980er-Jahre tauchte in der europäischen Literatur die Vermutung auf, das „Arabia felix" wäre nicht nur wegen seines Reichtums glücklich, sondern aus einem ganz anderen Grund: Beim Verräuchern des Harzes entstünde THC – ein Cannabis-Wirkstoff. Bis heute fehlt allerdings der wissenschaftliche Beweis. Erwiesen ist, dass Weihrauch zuverlässig gegen das sogenannte Hirnödem nach einer durchzechten Nacht wirkt, umgangssprachlich auch als Kater bezeichnet. Allerdings müssen Sie es frühzeitig vor dem Feiern nehmen, nicht erst am Tag danach!

Stadt ist das *Mirbat Marriott Resort (237 Zi. | al-Fatah St. | Tel. 23275500 | www.marriott.com | €€€)* eine einsame, aber schöne Badeoase.

QUELLEN DES DHOFAR

(136 B6) (*🕮 C11*)

Das arabische Wort *ain* bedeutet u.a. Quelle, und in den weichen Kalkfelsen des Dhofar entspringen gleich mehrere: *Ain Razat* und *Ain Hamran* im Osten Salalahs sowie *Ain Garziz* im Westen. Die Quellen sind wegen ihrer schattigen Plätze, kleinen Wasserfälle, Rasenflächen und bunten Blumenbeete beliebte Ausflugs- und Picknickplätze. Baden sollte man wegen der möglichen Gefahr der Bilharziose-Ansteckung besser nicht.

RUB AL-KHALI ★

(136 A–C 2–4) (*🕮 A–D 7–9*)

Dieser Name passt wie der Beduine aufs Kamel: Rub al-Khali bedeutet „leeres Viertel", und in der mit 650 000 km² größten zusammenhängenden Sandwüste der Erde findet sich tatsächlich viel Nichts. Das aber ebenso majestätisch daherkommt wie die Dünen, die sich bis zu 250 m in den meist wolkenlosen Himmel erheben. Das Sandmeer bedeckt nahezu ein Viertel der Arabischen Halbinsel – und tatsächlich ist in seinem Zentrum, das in Saudi-Arabien liegt, ein Überleben nahezu unmöglich.

Doch an den Randgebieten gibt es zwischen den INSIDER TIPP nachmittags orangerot leuchtenden Dünenzügen eine Handvoll kleinerer Oasen. Eine davon ist *Hashmaan*, etwa 250 km nördlich von Salalah gelegen, dort, wo die ersten Sandberge zu finden sind. Die hiesigen Beduinenfamilien verbringen die heißen Sommermonate in klimatisierten Häusern. Doch sobald es abkühlt, ziehen zumindest die Männer oft wieder in ein einfaches Zelt zwischen die Dünen. Eine kleine Quelle mit schwefelhaltigem Wasser versorgt ihre großen Kamelherden – die ein wunderbares Fotomotiv abgeben. Mit etwas Glück erleben Sie sogar die Geburt eines kleinen Kamels. Bis zur Oase Shisr *(s. S. 88)* führt eine gute Asphaltstraße, die letzten 75 km nach Hashmaan sind Schotterpiste. *Keine Übernachtungsmöglichkeit außer Zelten in den Dünen*

STRAND VON MUGHSAIL UND BLOWHOLES (136 B6) (*🕮 B11*)

Der lange Sandstrand von Mughsail, etwa 35 km westlich von Salalah, lädt zum Spazierengehen und Baden ein, weshalb es am Wochenende gerne voll wird. Die wenigen gemauerten Schattenpavillons sind dann schnell von omanischen Großfamilien belegt, die das tun, was auch in in Europa in solch einem Fall angesagt ist: Grillen!

Am westlichen Strandende liegen die *blowholes:* ausgewaschene Löcher in den überhängenden Felsklippen, durch die bei Wellengang das Wasser spektakulär wie eine Fontäne in die Luft schießt – ähnlich einem Geysir.

SUMHURAM ★ (136 B6) (*🕮 C11*)

An den Ufern der Bucht Khor Ruri liegt auf einem Hügel, die antike Hafenstadt Sumhuram. Ihre Handelsverbindungen reichten ab dem 3. Jh. v. Chr. über Nordoman nicht nur bis in die Golfregion, sondern auch in den Mittelmeerraum und bis nach Indien. Damit war sie einer der wichtigsten Weihrauchhäfen dieser Zeit. Verschiedene Fundstücke wie Münzen, Amphoren oder Halbedelsteine belegen die Bedeutung Sumhurams ebenso wie seine Erwähnung – unter dem Namen Moscha Limen – in dem Schriftstück „Periplus Maris Erythraei" (1. Jh. n. Chr.), das die wichtigsten Seehandelsrouten rund um das Rote Meer beschreibt. Die Hafeneinfahrt zwischen den beiden Felsen am Strand ist heute durch eine Sandbank versperrt und musste schon damals aufwendig offen gehalten werden.

Zu der von der Unesco als Weltkulturerbe geführten Stadt gehörten neben dem Hafen mit Lagerhallen für den Weihrauch auch Wohnkomplexe und eine Tempelanlage mit großem Brunnen. Sumhuram entstand als Außenposten des jemenitischen Königreichs Hadramaut, das mit diesem Bau seine Vormachtstellung im Weihrauchhandel zu sichern hoffte. Am Ufer der Lagune unterhalb der befestigten Hafenstadt liegt das sehenswerte, aber wegen der Klimaanlage lausig kalte *Museum,* in dem viele Artefakte und eine Modellanlage des Hafens ausgestellt sind. Die Schautafeln an den Wänden informieren allerdings mehr über die Entwicklung des gesamten Sultanats als über die antike Weihrauchmetropole. *Tgl. 8–18 Uhr | Eintritt 1 RO*

FESTUNG TAQAH ★

(136 B6) (*C11*)

Die Festung von Taqah, ca. 33 km östlich von Salalah, ist ein kleines Juwel, in dem scheinbar die Zeit konserviert wurde. Denn im Schlafzimmer des ehemaligen Scheichs Ali bin Timman al-Ma'ashani, der sie im 19. Jh. zu seinem persönlichen Schutz errichten ließ, steht immer noch das alte Himmelbett und die Wände verzieren bunte Bilder und verblichene Spiegel. Im Innenhof spendet eine Palme kühlenden Schatten und schafft eine entspannte Atmosphäre, sodass man am liebsten gleich hierbleiben würde.

Von den Mauern und Zinnen der Festung genießen Sie einen schönen Blick über die angrenzenden Gebäude bis zum Strand, und in der ehemaligen Küche zeugen originalgetreu nachgebildete Alltagsgegenstände vom Leben in vergangenen Tagen. Bis 1984 diente die fast zierliche Festung als offizielles

Uralter Weihrauchhafen in traumhafter Lage: die Ausgrabungen von Sumhuram

Wo es sich der Scheich so richtig gutgehen ließ: in der Festung Taqah

Regierungsgebäude des örtlichen Gouverneurs. *Sa–Do 9–16, Fr 8–11 Uhr | Eintritt 500 bz | Taqah St.*

TAWI ATTAIR (136 C6) (*🕮 C11*)
Wenn Wasser ins Spiel kommt, dann ist Kalkgestein machtlos. Es löst sich auf und bildet Höhlen – oder Dolinen, falls die Decke einbricht. Im Falle von Tawi Attair hat sich ordentlich viel Stein in nichts aufgelöst: Mit 200 m Tiefe ist sie eine der größten Dolinen der Welt.
An ihrem Boden befindet sich Wasser, das die einheimischen Bergbewohner früher mühsam nach oben schleppten. Tausenden Vögeln, die hier fröhlich herumzwitschern, dient der Brunnen immer noch als Tränke, und nach ihnen ist er auch benannt – Tawi Attair bedeutet „Brunnen der Vögel". Sie umschwirren die Besucher auf der INSIDER TIPP Aussichtsplattform, von der man auf die grandiosen, steil abfallenden Felswände in die Tiefe blickt. *Ca. 50 km von Salalah*

UBAR UND SHISR (136 B5) (*🕮 B10*)
Sein oder nicht sein – das ist auch hier die Frage. Handelt es sich bei den Ruinen nahe dem heutigen Örtchen Shisr am Rand der Wüste Rub al-Khali um Ubar, das sagenumwobene „Atlantis der Wüste", oder nicht? Tonscherben, wertvolle Münzfunde aus Syrien, Rom oder Ägypten und Schachfiguren sprechen für Wohlstand durch Weihrauch und ein weit verzweigtes Handelsnetz. Große Karawanen machten in Ubar Rast und versorgten sich an einer natürlichen – heute noch genutzten – Quelle mit Wasser.
Der Legende nach sorgte der immense Wohlstand allerdings für einen unsoliden Lebenswandel in Ubar, sodass Allah die „Stadt der sieben Türme", wie sie im Koran genannt wird, im Erdboden versinken ließ. Tatsächlich fanden sich in den Resten der Stadtmauer die Fundamente von sieben Türmen. Teile der Stadt sind zudem wirklich im Boden versunken, allerdings wohl eher, weil

eine Karsthöhle einbrach. Archäologen äußerten angesichts der geringen Stadtgröße Zweifel, ob es sich wirklich um das legendäre Ubar handelt. Das „Atlantis der Wüste" kann man in einem langen, etwas anstrengenden Tagesausflug besuchen. *Ca. 170 km nördl. von Salalah*

WADI DARBAT ★

(136 B5–6) (*C11*)

Schon von der Küstenstraße erblickt man die 200 m hohe Steilwand des Wadi Darbat, an der sich während des Monsun mehrere fotogene Wasserfälle bilden. Vom *wadi*-Eingang oben in den Bergen genießt man einen herrlichen Blick über die gesamte Küste und die markante Bucht Khor Ruri. Im *wadi* selbst führen anfangs mehrere INSIDER TIPP Fußwege zur eingangs erwähnten Steilwand, weiter hinten leben einige Familien der *jebalis*, deren Kamel- und Rinderherden auf den grünen Wiesen fast das ganze Jahr über ausreichend Nahrung finden: Im *wadi* bildet sich während des Monsuns ein großer See, der noch Monate nach dem Ende der Regenfälle für ausreichende Bewässerung sorgt. Wilde Esel streunen herum, Murmeltiere knabbern an den Ästen und zwischen den großen Ficusbäumen, in deren Schatten Großfamilien Platz für ein Picknick finden, hört man das Miauen wilder Katzen.

WADI DAWKAH (136 B6) (*B10*)

Etwa 60 km nördlich von Salalah liegt das „Land of Frankincense" (engl. Weihrauch). Bei diesem (Weltkulturerbe-)Park handelt es sich um eine Weihrauchbaumplantage, die den Erhalt der für die omanische Kulturgeschichte so wichtigen Pflanze gewährleisten soll. Schautafeln am Parkplatz geben Auskunft, Sie können die Bäume auch aus der Nähe fotografieren. *www.worldheritagesite.org*

FRAUEN, SILBER UND DOLCHE

An besonderen Feiertagen legt der westliche Herr gern mal eine Krawatte an. Der Omani dagegen wählt seinen Lieblingsdolch *(khanjar)*. Dass dabei auch die Damen ein Wörtchen mitzureden haben, erlebte der berühmteste Herrscher Omans: Eine von Sayyid Said al-Busaidis Frauen, eine persische Prinzessin, war nicht angetan vom *khanjar* ihres Gatten, also entwarf sie kurzerhand einen neuen mit mehr Silberornamenten – fragen Sie im Souk nach einem Saidi-Dolch, dann sehen Sie den Unterschied. Nur die mit dem Nashorn-Horn im Griff werden, politisch korrekt, nicht mehr hergestellt, heute kommen Holz oder Plastik zur Verwendung. Der wertvollste Teil ist oft die Klinge, obwohl viel Silber die Scheide verziert. Da Oman über keinerlei Minen des Edelmetalls verfügt, kommt auch hier eine Frau ins Spiel – Erzherzogin Maria Theresia aus Österreich. Der nach ihr benannte Taler, der ab 1741 geprägt wurde, hat einen Silbergehalt von 85 Prozent und war bis weit in die 1960er-Jahre ein sehr beliebtes Zahlungsmittel in ganz Arabien. Kurzerhand wurden die Münzen eingeschmolzen oder direkt in den Krummdolchen verarbeitet. Heute finden Sie den Maria-Theresia-Taler als Sammlerstück oder als Teil schwerer Halsketten: die Haushaltskasse der Beduinenfrauen!

MUSANDAM

Der arabische Name Musandams lautet *ru'us al jibal* („Köpfe der Berge") und beschreibt treffend die betörend schöne Gebirgslandschaft des nördlichsten Gebiets von Oman. Die kargen Bergrücken ragen mehr als 2000 m auf, ihre Steilwände fallen senkrecht ab in die zahlreichen Buchten, die der Region einen weiteren Spitznamen eingebracht haben: „Norwegen des Mittleren Ostens".

Hie und da schimmern kleine weiße Sandstrände im Kontrast zum tiefblauen Wasser, während staubige Pisten hinauf zu den Gipfeln führen. Vorbei geht es an spektakulär gelegenen Einsiedeleien oder kleinen Dörfern, deren Bewohner dem Boden auf Terrassenfeldern und Plateaus etwas Obst, Gemüse, Getreide und Datteln abringen.

Bei der Staatengründung in den 1970er-Jahren stimmte die Bevölkerung Musandams für die Zugehörigkeit zu Oman, ihre Nachbarn jedoch für die Vereinigten Arabischen Emirate, weshalb die Halbinsel heute eine Exklave ist. Wegen seiner Nähe zum Iran war Musandam bis 1992 militärisches Sperrgebiet, hat sich seither aber zu einem beliebten Ausflugsziel auch aus den benachbarten Emiraten entwickelt, weshalb es an den Wochenenden und Feiertagen voll werden kann. Zwar ist die Anreise mit dem PKW einfacher geworden, da an den Grenzen – im Gegensatz zu früher – Visa ausgestellt werden. Am einfachsten kommt man aber nach wie vor per Flugzeug nach Musandam, es verkehrt aber auch eine Autofähre zwischen Muscat und Khasab.

 Bild: Khor Shimm

So herb wie schön: Schroffe Berge fallen steil ins Meer und bilden Buchten, in denen sich verspielte Delphine verstecken

Gut 40 000 Menschen sind hier zu Hause, die sich durch zwei Besonderheiten hervortun. Sie tragen nicht den typischen Dolch *khanjar,* sondern eine kleine, langstielige Axt *(jirs),* und sie sprechen einen besonderen Dialekt, der arabische und persische Elemente vereint. Im Wesentlichen gehören sie zwei Stämmen an: Die *kumzaris*, deren Stadt Kumzar nur per Boot zu erreichen ist, leben ganz oben im Norden und haben eine nette Tradition: Wenn einer der Männer von der obligatorischen Pilgerfahrt nach Mekka zurückkommt, stellt er eine Schaukel vor sein Haus, die die Kinder des Ortes dann nach Herzenslust benutzen dürfen. Der andere Stamm sind die *shihu*, deren halbnomadische Lebensweise zum Bau besonderer Häuser führte, der *Bait al-Qufl* („Haus des Schlosses"). Die Böden dieser bis zu 200 Jahre alten Vorratshäuser liegen bis zu 2 m tief in der Erde, während die dicken, fensterlosen Mauern nur gut 1 m hoch sind. Ihren Namen verdanken sie einer besonderen Schließvorrichtung an der kleinen Holztür.

KHASAB

(132 B2) *(🕮 E1)* **Die Provinzhauptstadt (18 000 Ew.) ist der größte Ort der Region und liegt am Ausgang des lang gezogenen Wadi Khasab mit seinen malerischen, steil aufragenden Felswänden.** Dort befindet sich auch der Flughafen, dessen Lage bei schwierigen Windverhältnissen dazu führen kann, dass Flüge aus Muscat umkehren müssen. Die Schnellfähre aus Muscat fährt donnerstags, samstags geht es zurück *(Infos unter www.nfc.om)*.

Fast die Hälfte der Bevölkerung Musandams lebt hier im Schatten der großen Palmenhaine, deren Datteln bis heute ein bedeutender Wirtschaftsfaktor sind. Die zweite Einkommensquelle in der Exklave ist die Fischerei, weshalb der Modernisierung und dem Ausbau des Hafens – auch für den Tourismus – große Aufmerksamkeit geschenkt wurde. Direkt am Hafen liegen der alte Ortskern (Old Souk) und die Festung, weiter talaufwärts ist der neuere Stadtteil New Souk.

Sieht gar nicht so alt aus, stammt aber aus dem 17. Jh.: die Festung Khasab

SEHENSWERTES

FESTUNG VON KHASAB ★

Anfang des 17. Jhs. von den Portugiesen erbaut, nutzten einheimische Würdenträger die Festung bis zu ihrer Restaurierung Anfang der 1990er-Jahre. Auf den ersten Blick haut sie einen nicht um, aber auch eine Festung verdient eine zweite Chance! Achten Sie also z. B. auf den separaten Turm im Innenhof – gibt's so auch nicht oft.

Interessant wird's drinnen, wo mit Hilfe von lebensgroßen Puppen und antiquarischem Mobiliar anschaulich das Leben von früher nachgestellt wird. Ob Sie die

CITY WOHIN ZUERST?
Aufgrund der geografischen Lage der Exklave Musandam kommen die meisten Gäste mit dem Flugzeug nach Khasab, das recht übersichtlich ist. Ihre Exkursion durch die Provinzhauptstadt starten Sie am besten mit der Besichtigung der **Festung** (vor der es auch Parkplätze gibt). Danach machen Sie einen Spaziergang durch die Gassen der Palmenoase und trinken im alten Stadtviertel einen Tee.

Braut im Hochzeitszimmer nun schön finden oder nicht ist dabei egal, Sie sollten auf den tollen Schmuck schauen, der die Dame ziert. Das Hochzeitspaar soll sehr glücklich geworden sein ... Die Lage der Festung zeigt übrigens die Landgewinnung in der Bucht deutlich, denn zuvor lag sie direkt am Ufer! *Sa–Do 9–16, Fr 8–11 Uhr | Eintritt 500 bz | Mina Rd.*

ESSEN & TRINKEN

AL MAWRA RESTAURANT

Verleben Sie einen besonderen Abend auf der Terrasse mit arabischen Spezialitäten oder frischem Fisch und Blick aufs Meer. *Khasab Coastal Rd., im Atana Khasab Hotel | Tel. 26 73 07 77 |* €€€

INSIDER TIPP AL SHAMALIYA GRILL & RESTAURANT

Trotz des arabischen Namens gibt es hier auch vegetarische Gerichte aus Indiens Küche, dazu nettes Personal und Sitzplätze draußen. *Main St. | Tel. 26 73 04 77 |* €€

TELEGRAPH ISLAND

Kühles Ambiente, aber gute Auswahl an indischer, kontinentaler und arabischer Küche – probieren Sie unbedingt die INSIDER TIPP *mezzeh* (Vorspeisen). *Mina Rd., im Lulu Hypermarket | Khasab Hafen | Tel. 26 73 05 77 |* €€

WADI QADA RESTAURANT

Iranische Küche? Kennen Sie nicht? Dann testen Sie sie in diesem kleinen, einfachen Lokal. *Khasab Coastal Rd. | Tel. 99 83 42 05 |* €

EINKAUFEN

Die Einkaufsmöglichkeiten in Musandam beschränken sich im Wesentlichen auf die Dinge des Alltags, die Sie hier auch alle bekommen. Lediglich in der Festung werden einige Souvenirs angeboten ebenso wie in den wenigen verbliebenen kleinen Geschäften der Altstadt. Ein schönes Mitbringsel ist die *jirs,* die typische kleine Axt der Region.

LULU HYPERMARKET

Die Auswahl bei Obst und Gemüse ist nicht ganz so gut sortiert wie in den

MARCO POLO HIGHLIGHTS

★ **Festung von Khasab**
Das Museum in der Festung gibt einen schönen Einblick in Sitten und Gebräuche der Vergangenheit → S. 92

★ **Tagesfahrt mit der Dhau**
Und wenn Sie alles andere verpassen – die Fahrt mit dem traditionellen Segler durch die Fjorde Musandams ist eine Erinnerung fürs Leben! → S. 94

★ **Khor Najd**
Meterdicke Felsplatten ragen senkrecht aus dieser Bucht, die sich bis zum Horizont erstreckt → S. 97

anderen Filialen im Land, sonst ist aber alles im Angebot. *Tgl. 9–23 Uhr | Mina Rd.*

STRÄNDE

Nördlich des Hafens von Khasab liegt der *Strand von Bussa,* der auch bei Einheimischen wegen der Schattenplätze sehr beliebt ist. An den Wochenenden wird er von emiratischen Ausflüglern gern zum Zelten und für Picknicks genutzt. Nur mit dem Boot zugänglich sind einige schöne Strände nahe Khasab, zu denen man sich – auch zum Übernachten – von den örtlichen Ausflugsagenturen samt Zelt und Verpflegung bringen lassen kann.

FREIZEIT & SPORT

BERGTOUREN

Die herbschöne Bergwelt verführt zu ausgedehnten Erkundungstouren mit dem Geländewagen. Oder Sie lassen sich an den schönsten Stellen in den Bergen für eine geführte Halb- oder Ganztageswanderung absetzen. Agenturen: *Musandam Sea Adventures* bzw. *Khasab Travel & Tours (Infos s. Dhautouren)*.

DHAUTOUREN ●

Die ★ klassische Tagestour führt in den Khor Shimm, und wenn das Wetter mitspielt, wird es ein erlebnisreicher Tag voller Delphinbeobachtungen, Besuch der Telegrafeninsel, Baden und Schnorcheln. Das Mittagessen wird an Bord serviert. Bei mehrtägigen Bootstouren erleben Sie entweder unvergessliche Nächte unter den Sternen in stillen, einsamen Strandbuchten oder Sie lassen sich an Bord in den Schlaf schaukeln.
Touren auf einer Dhau werden angeboten etwa von *Musandam Sea Adventures (Tel. 26 73 00 69 | www.msaoman.com)* oder *Khasab Travel & Tours (Tel. 26 73 04 64 | www.khasabtours.com).*

KAYAKING

Zurücklehnen, Paddel fest mit beiden Händen umschließen und nicht an den morgigen Muskelkater denken – dann wird die Tour mit den schmalen Booten richtig genial. Wenn jetzt noch einer von den vielen Delphinen direkt neben Ihrem Kayak auftaucht ... dann nicht erschrecken, die wollen wirklich nur spielen. Vielleicht sollten Sie aber doch schnell vorher die Eskimorolle lernen? Kein Problem, die zeigen Ihnen die Jungs von *Dolphin Khasab Tours (Tel. 26 73 08 13 od. 99 56 66 72 | www.dolphinkhasabtours.com)*, bevor Sie ablegen – die wollen ihr schlankes Bötchen ja auch wiederhaben.

TAUCHEN

Wegen der kühleren Meeresströmungen ist das Meerwasser vor der Küste sehr klar und die Buchten Musandams gelten

LOW BUDG€T

Wenn Sie im Atana Khasab Hotel oder im Atana Musandam Resort *(s. S. 95)* vorab Zimmer reservieren, warten Schnäppchen. Unter dem Menüpunkt „offers" werden z. B. Buchungen der Unterkunft in Kombination mit Dhau- oder Bergtouren angeboten.

Das *Lake Hotel (25 Zi. | Khasab Rd. | Tel. 26 73 16 67 | €)* ist zwar sehr einfach und bietet auch keine Extras, hat aber saubere Zimmer und befindet sich in ausgesprochen geschickter Lage nahe der Altstadt, dem alten Souk und der Festung von Khasab. Auch das Meer liegt gleich um die Ecke. Nur einen See gibt es nicht ...

als exzellentes Tauchrevier. Über *Extra Divers Musandam (im Atana Khasab Hotel | Tel. 26 73 05 01 | www.musandam-diving.com)* lassen sich Ausflüge und Tauchgänge buchen.

ATANA MUSANDAM RESORT

Schöner Hotelkomplex direkt im Hafen von Khasab mit großzügigem Raumangebot in den Zimmern, Pool und exzellentem Frühstück. Im Gegensatz zum Atana Khasab Hotel *(s. oben)* wird hier kein Alkohol serviert. *110 Zi. | Mina Rd. | Tel. 26 73 08 88 | www.atanahotels.com |* €€€

Die wollen tatsächlich nur spielen: Delphine vor der Küste von Musandam

ÜBERNACHTEN

ATANA KHASAB HOTEL

Aus den Zimmern hat man einen herrlichen Blick über die weite Bucht und das Dinner genießen Sie auf der Terrasse. Im Unterschied zum Schwesterhotel *(s. unten)* wird hier Alkohol ausgeschenkt. Leider keine Bademöglichkeit im Meer. *120 Zi. | Khasab Coastal Rd. | Tel. 26 73 07 77 | www.atanahotels.com |* €€€

KHASAB HOTEL

Angenehmes Stadthotel mit Pool, Kinderspielplatz und zwei Restaurants mit internationaler Küche. *60 Zi. | Khasab Rd. | Tel. 26 73 02 67 | www.khasabhotel.net |* €–€€

ZIELE IN DER UMGEBUNG

BUKHA (132 B2) (*E1*)

Etwas mehr als 20 km von Khasab Richtung emiratischer Grenze liegt bei Tibat der kleine Ort Bukha mit seiner 300 Jahre alten *Festung (Sa–Do 9–16 Uhr | Eintritt 500 bz | Khasab Coastal Rd.)*, deren besonderes Merkmal die quadratische Grube im Innenhof ist. Darin wurden Gefangene festgehalten, bis sie unter der prallen Sonne verschmachteten.

Auf einem Felsrücken am Fuß der steil aufragenden Berge erhebt sich eine weitere kleine befestigte Anlage, von der man einen INSIDER TIPP herrlichen Blick über die Bucht und den Fischerhafen von Bukha genießt. Neben der Festung liegt eine alte, restaurierte Moschee, die zwar meist verschlossen, aber ein schlicht-schönes Gebäude ist – und nicht aus Lehm errichtet wurde wie die ehemaligen Wohnhäuser drum herum, sondern aus dem Gestein der umliegenden Berge.

Spektakuläre Küstenstraße: unterwegs in den Felsen bei Bukha

DIBBA (132 B2–3) (*E2*)

Der kleine Ort gehört zu Musandam, ist von Khasab aus aber derzeit nicht über Land erreichbar, da die Straße durch die Berge noch nicht fertiggestellt ist. Die Fähre von Khasab fährt zweimal die Woche *(Di 10, Sa 14 Uhr | ab 6 RO | www.nfc.om).*

Dibba liegt an der Ostküste nahe der Grenze zu den VAE und ist ein schönes Badegebiet mit guten Tauchmöglichkeiten. Deshalb findet sich an der abgelegenen und ruhigen Küste auch eines der luxuriösesten (und teuersten) Badehotels Omans, das *Six Senses Zighy Bay Resort (82 Zi. | Zighy Bay | Tel. 26735888 | www.sixsenses.com | €€€)* mit Tauchbasis und möglicher Anreise per Gleitschirm (!) ab der Passhöhe über dem Hotel.

Dibba selbst ist dreigeteilt und gehört jeweils zu Oman, dem Emirat Schardscha und dem Emirat Fudschaira, Grenzen gibt es aber keine. Fans eher morbider Sehenswürdigkeiten könnten sich den Friedhof von Dibba zu Gemüte führen, liegen hier doch die Gebeine Tausender Steuersünder aus dem 7. Jh.: Angeblich weigerten sich die Einwohner Dibbas damals, ihre Steuern zu zahlen, woraufhin der Kalif aus Bagdad nicht lange fackelte ...

JEBEL HARIM UND RAWDAH BOWL (132 B2) (*E1–2*)

Zwar kommt man nicht ganz bis auf den 40 km von Khasab entfernten Gipfel des Jebel Harim, denn dort thront eine Militärstation, aber der INSIDER TIPP Ausblick von dem kleinen Parkplatz kurz davor über die Berge Musandams ist schon ganz schön eindrucksvoll. Wenn Sie sich ein wenig umsehen, werden Sie in den umgebenden Steinen viele Fossilien von Muscheln und Meerestieren finden.

Auf der staubigen Piste nach oben, die nur mit einem Geländewagen befahren werden kann, passiert man das Sayh-Plateau, auf dem in bescheidenem Maß Landwirtschaft betrieben wird. Vom Aussichtspunkt führt die Piste über Bergrücken hinab in das schmale Wadi al-Bih und weiter in eine große, von wilden Akazien bestandene Ebene, die *Rawdah Bowl.* Hier gibt es tolle Picknickplätze und einige sehr gut erhaltene *Bait al-Qufl*, die typischen Vorratshäuser.

KHOR NAJD ★ (132 B2) (*E1*)

Etwa 10 km außerhalb von Khasab liegt – auf guter Asphaltstraße erreichbar – die wunderbare Bucht, in der man besonders schön die senkrecht ins Meer abfallenden Gesteinsschichten sehen kann. Wer Lust hat, geht eine Runde schwimmen. Fahren Sie INSIDER TIPP in den Morgenstunden auf die Anhöhe vor der Bucht, dann ist das Licht besonders schön.

Adlerauge aufgepasst – von Khasab kommend liegt am Abzweig nach links zum Khor Najd ein kleines Gehöft, direkt daneben ein sehr gut erhaltenes *Bait al-Qufl* und darin wiederum ein paar sehr schöne große Vorratsamphoren! Ach ja, und wenn Sie geradeaus weiterfahren, kommen Sie zu einem kleinen Wald, dem *Birkat al-Khaldiya.* Der wird Sie zwar nicht gerade umhauen, falls Sie im Schwarzwald zu Hause sein sollten, aber für die Menschen ist er ein wichtiger Holzlieferant – und für Sie womöglich ein schöner Picknick- oder Zeltplatz?

TELEGRAFENINSEL (132 B1) (*E1*)

Zwischen 1864 und 1868 betrieb Großbritannien auf dem kleinen Eiland *Jazirat al-Maqlab* im Khor Shimm eine Telegrafenstation. Ihre technische Ausrüstung stammte von Siemens und sie sollte helfen, Indien mit London zu verbinden. Wegen häufiger technischer Störungen stellte man den Betrieb jedoch schnell wieder ein und nur die Grundmauern der Gebäude erinnern heute noch an diese Episode. Angeblich stammt die Redewendung „to go round the bend" – die so viel wie „verrückt werden" bedeutet – von englischen Soldaten, die auf der Felsinsel in feindlichem Gebiet unter der heißen Sonne Arabiens Dienst tun mussten. *Besuch im Rahmen von Dhautouren*

WADI QADAH (132 B2) (*E1*)

An der Küstenstraße Richtung emiratische Grenze, 7 km von Khasab entfernt, liegt der kleine, unscheinbare Ort Qada am Ausläufer des gleichnamigen *wadis.* Folgt man der Piste hinein, gelangt man zu den Häusern von Tawi, wo auf der linken Seite ein paar markant große Felsbrocken liegen. An deren Unterseite prangen, vor der Sonne geschützt, ca. 2000 Jahre alte eindrucksvolle Felsbilder von Kamelen, Menschen und Booten.

ERLEBNISTOUREN

1 OMAN PERFEKT IM ÜBERBLICK

START: 1 Muscat
ZIEL: 24 Salalah

Strecke:
ca. 3000 km

16 Tage
reine Fahrzeit 32 Stunden

KOSTEN: Mietwagen (PKW) 560 Euro/16 Tage, Flüge 600 Euro, Dhautour 50 Euro, Bergtour Khasab 80 Euro, Übernachtungen ca. 1300 Euro/16 Nächte mit Frühstück, Eintritte 23 Euro/Person
MITNEHMEN: Badesachen, Sonnenschutz, Wasser

ACHTUNG: Starttag: Samstag, wg. Mittwochsmarkt in Ibra (Tag 5) und Viehauktion am Freitag in Nizwa (Tag 7). Campnacht in der 6 **Wahiba-Wüste**: kein 4x4 nötig, da Abholung. 14 **Jebel Akhdar**: Abholung übers vorher (!) gebuchte Berghotel organisieren (nur 4x4!); Abholung nach Wanderung **al-Aqur** und **Sayq** verabreden. Tagestour in die Berge auf 15 **Musandam** vorab buchen.

Jeder Zipfel dieser Erde hat seine eigene Schönheit. Wenn Sie Lust haben, die einzigartigen Besonderheiten dieser Region zu entdecken, wenn Sie tolle Tipps für lohnende Stopps, atemberaubende Orte, ausgewählte Restaurants oder typische Aktivitäten bekommen wollen, dann sind diese maßgeschneiderten Erlebnistouren genau das Richtige für Sie. Machen Sie sich auf den Weg und folgen Sie den Spuren der MARCO POLO Autoren – ganz bequem und mit der digitalen Routenführung, die Sie sich über den QR-Code auf S. 2/3 oder die URL in der Fußzeile zu jeder Tour downloaden können.

„Heimat von Sindbad dem Seefahrer" soll das Sultanat Oman sein, das „Norwegen des Mittleren Ostens", das sagenumwobene Weihrauchland oder – ganz neu – die „Karibik des Orients". Was sich hinter diesen Titeln verbirgt, erleben Sie auf dieser Tour durch das gesamte Sultanat auf eigene Faust.

TAG 1–2

1 Muscat

188 km

Gönnen Sie sich zu Beginn zwei Tage Zeit zum Akklimatisieren in der Hauptstadt **1 Muscat** → S. 34 mit einem Bummel über den **Souk von Mutrah** → S. 39, einer Visite der beeindruckenden **Sultan-Qaboos-Moschee** → S. 43 und einem langen Strandspaziergang in **Qurum** → S. 45. Too

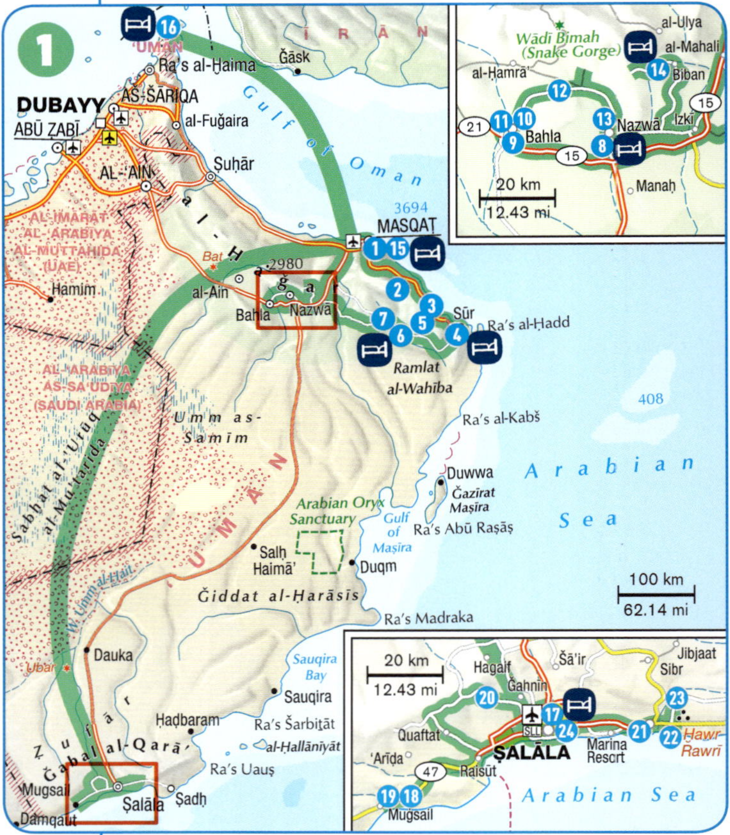

old fashioned? Dann ab zum Tagesschnupperkurs in der **Kite-Schule am Strand von al-Athaiba** *(www.kiteboarding-oman.com)*. Übernachten Sie in Muscat im **Beach Hotel** → S. 46, **bevor Sie Richtung Osten aufbrechen.**

TAG 3

❷ Wadi Dayqah

85 km

❸ Wadi Shab

39 km

❹ Sur

Das Blau des Wassers im Stausee steht in prächtigem Kontrast zu den umliegenden kargen Bergen im **❷ Wadi Dayqah**. Hier kann man „nur" gucken, im **❸ Wadi Shab** → S. 73 dagegen auch ein bisschen wandern oder an schönen Stellen baden. **Die Staatsstraße 17 bringt Sie danach nach ❹ Sur** → S. 68, wo Sie die würzige Luft der historischen **Dhauwerften** → S. 69 im Licht der untergehenden Sonne genießen. Den Bärenhunger stillen Sie mit frischem Fisch im **Arabian Sea Restaurant** → S. 70, bevor Sie das müde Haupt auf die Kissen im **Al-Ayjah Plaza Hotel** → S. 71 betten.

Hinkommen ist **auf der Staatsstraße 23** kein Problem – aber seien Sie gewarnt: Es wird nicht leicht sein, die herrlichen Felsenpools unter Palmen im 5 **Wadi Bani Khalid** → S. 59 wieder zu verlassen. Helfen wird höchstens die Vorfreude auf unvergessliche Stunden mit Kamelen im weichen Nachmittagslicht der 6 **Wahiba-Wüste** → S. 59 und eine Nacht unter Sternen im **Nomadic Desert Camp** → S. 59.

Jetzt aber mal sehen, wie die Menschen hier so einkaufen! Ein toller Markt mit frischem Obst und Gemüse ist in 7 **Ibra** → S. 57, den Sie an einem Mittwoch besuchen sollten, weil die Frauen der Region zusätzlich einen gesonderten **Markt** abhalten. Da gibt's dann z. B. selbst gemachte Kosmetika zu kaufen. Die nächste Stadt ist der omanische Inbegriff für einen traditionellen Souk: 8 **Nizwa** → S. 60. **Auf guten Überlandstraßen kommen Sie hin** und probieren dann omanische Küche im **Bin Ateeq Restaurant** → S. 62. Einen Absacker gibt's in Ihrem Hotel für die nächsten beiden Nächte, dem **Falaj Daris** → S. 63.

Heute geht's erst mal in die Umgebung: zum sprichwörtlich magischen Ort 9 **Bahla** → S. 64 und zur Perle omanischer Festungen, 10 **Jabrin** → S. 65. **Auf dem Rückweg bietet sich eine Pause in** 11 **Bahla** an, im **Restaurant in der Ortsmitte an der Nizwa-Ibri-Straße südlich der Dhofar Bank.** Jetzt ein kurzes Nickerchen? **Nach** 12 **Tanuf** → S. 68 **sind's nur 20 km und auf der Rückseite der Ruinenstadt** steht eine große **Sykomore** – INSIDER TIPP der Maulbeerfeigenbaum ist ein idealer Kraftort zum Energietanken! Ab 15.30 Uhr ist bestes Ruinen-Fotolicht. Der Abend gehört 13 **Nizwa** und seinem **Souk** → S. 61.

Raus aus den Federn, früh gefrühstückt und los – es ist Freitag, d. h. große **Viehauktion** in Nizwa, *das* Event der Woche. Frühaufsteher werden mit schönem Licht belohnt und mit ausreichend Zeit, um Datteln zu probieren, Silberschmuck zu kaufen und das nahe **Fort** → S. 60 zu besuchen. Um 12 Uhr ist alles vorbei und Sie machen sich **auf den Weg zum** 14 **Jebel Akhdar** → S. 66. **Unten bei der Polizeistation werden Sie von einem Wagen des Sahab Hotel** → S. 67 **abgeholt,** einer der besten Adres-

TAG 4
149 km
5 Wadi Bani Khalid
56 km
6 Wahiba-Wüste

TAG 5
36 km
7 Ibra
146 km
8 Nizwa
53 km

TAG 6
9 Bahla
7 km
10 Jabrin
7 km
11 Bahla
19 km
12 Tanuf
29 km
13 Nizwa

TAG 7
67 km
14 Jebel Akhdar

sen für die nächste Nacht. **Oben angekommen** machen Sie drei Dinge: tief durchatmen und die kühle Luft genießen, dann Jacke rausholen und eine Mittagspause im guten indischen **Restaurant neben der Tankstelle (in Sayq). Eine kurze Fahrt auf guter Straße führt zum Wadi Bani Habib**, in dessen Ruinen angeblich ein gefürchteter Rebell gegen den alten Sultan lebte. Der kurze Spaziergang dorthin verläuft **durch einen Garten mit Walnussbäumen**.

TAG 8

202 km

⑮ Muscat

380 km

TAG 9–12

⑯ Musandam

1270 km

⑰ Salalah

59 km

TAG 13–16

⑱ Blowholes

Zwischen den Dörfern al-Aqur (nahe dem Sahab Hotel) und Sayq verläuft ein unverbauter, lockerer Wanderweg zwischen den Terrassenfeldern und lässt Sie einfach nur staunen. Also Kamera nicht vergessen, denn so schön können Sie zu Hause gar nicht erzählen, wie es da oben aussieht. Mittags geht es über **die Route Nr. 15 direkt zurück nach ⑮ Muscat** → S. 34, wo Sie wieder im **Beach Hotel** → S. 46 übernachten.

Ein kurzer Flug bringt Sie zu den „Köpfen der Berge", wie die Halbinsel ⑯ Musandam → S. 90 übersetzt heißt. Nach einem entspannten ersten Tag im **Atana Musandam Resort** → S. 95 sind nur zwei Ausreden erlaubt, am nächsten Morgen (Tag 10) nicht mit einer Dhau den **Khor Shimm** zu erkunden: das Wetter oder dass Sie leicht seekrank werden. Die Agenturen für diesen **Bootstrip** → S. 94 bieten für den nächsten Tag (Tag 11) einen famosen Ausflug mit dem Geländewagen in die Berge. Am Morgen des vierten Tags (Tag 12) **fliegen Sie nach Muscat und steigen dort in die Mittagsmaschine für Ihren Strandurlaub in ⑰ Salalah** → S. 76. Einchecken im **Crown Plaza Hotel** → S. 83 und dann rein in die Wellen des Indischen Ozeans.

Tradition ist Familiensache

Erst ein Morgenspaziergang im Sand, und dann: Wo war die Liste mit den Mitbringseln? Nichts wie los zum **Weihrauchmarkt** → S. 81: Da gibt es wunderbare Duftöle gegen graue Novembertage und in einem der drei jemenitischen Restaurants frisches Brot und Fleischspieße! Danach **auf der Küstenstraße gen Westen**, die **⑱ Blowholes** → S. 86 in Mughsail erleben und sich dann von der ⑲ **Fazayah Beach** → S. 84 zum Nichtstun verführen lassen. Aber nicht zu lange, denn **gute Straßen führen auf dem Rückweg ins Hotel in die Berge** und zum ⑳ **Grab des Hiob (Job's Tomb)** → S. 85 mit schöner Aussicht. Der nächste Tagesausflug **führt in die entgegengesetzte Richtung,** zur schnuckeligen Festung von ㉑ **Taqah** → S. 87, danach zum antiken Weihrauchhafen ㉒ **Sumhuram** → S. 86 und zum Schluss ins Naturparadies des ㉓ **Wadi Darbat** → S. 89. Und nur, weil das Programm zu Ende ist, müssen Sie doch nicht heimreisen – ein paar Badetage sind schon noch drin in ㉔ **Salalah**, oder?

⑲ Fazayah Beach
76 km
⑳ Grab des Hiob
64 km
㉑ Taqah
9 km
㉒ Sumhuram
9 km
㉓ Wadi Darbat
41 km
㉔ Salalah

2 BATINAH, BURGEN UND BERGE

START: ① Barka
ZIEL: ⑪ Daymaniyat-Inseln

2 Tage
reine Fahrzeit:
4,5 Stunden

Strecke:
339 km

KOSTEN: Mietwagen (PKW) 35 Euro/Tag, Eintritte 4,50 Euro/Person, Übernachtung 95 Euro/Person
MITNEHMEN: Badesachen, Sonnenschutz, Wasser, leichte Wander- oder Joggingschuhe oder Trekkingsandalen

ACHTUNG: Ausflug zu den ⑪ **Daymaniyat-Inseln** bei **Allu'luah Marine Tourism** → S. 52 buchen. Beim Wandern im Wadi: Steine im Wasser können rutschig sein!

Perser, Portugiesen und Osmanen versuchten die omanische Batinah-Küste mit ihren strategisch günstig gelegenen Häfen, ertragreichen Gärten und endlosen Palmenhainen zu erobern. Diese Tour führt Sie durch das fruchtbare Hinterland und zu herrlichen Festungen, die die Eroberung verhindern sollten – und in denen sich die omanischen Herrscher nicht selten vor der eigenen rebellierenden Familie verbarrikadieren mussten.

Ok, so gleich nach dem Frühstück ist der Fischgeruch gewöhnungsbedürftig, aber die morgendliche **Auktion** am **Strand** von ① **Barka** → S. 50 bietet tolle Motive. Im gut ausgeschilderten schmucken Rastschlösschen ② **Bait Naaman** → S. 53 mit seiner schlanken Silhouette ist die Luft gleich besser, besonders oben auf den Zinnen mit Aussicht. **Die Staatsstraße 13 führt Sie dann zur Festung von** ③ **Nakhl** → S. 54 mit ihren Verliesen und wohnlich eingerichteten Zimmern. Herrlich duftet es **auf dem kurzen Weg von der Festung zu den heißen Quellen von** ④ **Ain Thowa-**

TAG 1
① Barka
7 km
② Bait Naaman
42 km
③ Nakhl
3 km
④ Ain Thowarah

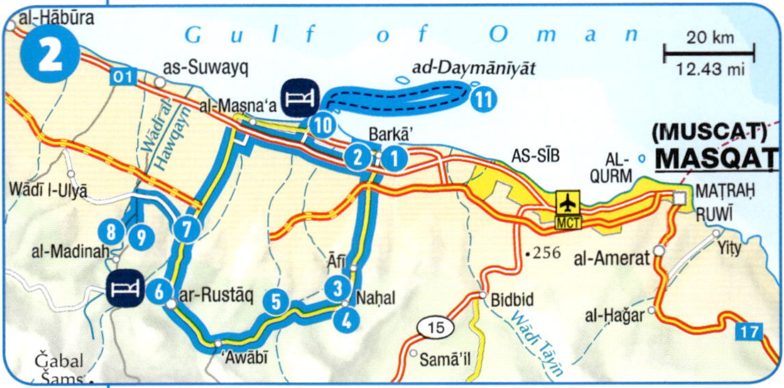

20 km

5 Wadi Abyad

42 km

6 Rustaq

TAG 2

32 km

7 al-Hazm

26 km

8 al-Hoqain

4 km

9 Wadi al-Hoqain

72 km

10 Strand von Sawadi

34 km

rah → S. 53, denn rechts und links der Straße blühen jede Menge Bougainvilleen. Die Quellen sind das ideale Plätzchen für eine Pause im kleinen indischen **Restaurant** neben dem Parkplatz. Danach sind Sie gestärkt für eine Wanderung im **5 Wadi Abyad** → S. 56. **Um es zu erreichen, biegen Sie etwa 11 km hinter Nakhl von der Staatsstraße 13 rechts nach Subaykha ab.** Sie sollten spätestens um 15 Uhr im Wadi sein, denn dann haben Sie genügend Zeit für ein Bad in den kleinen Pools, erleben die roten Felsen in der Abendsonne und kommen immer noch rechtzeitig nach **6 Rustaq** → S. 54, wo Sie im **Al Shimookh Tourist Resthouse** → S. 55 übernachten.

Nach einem genüsslichen Frühstück schauen Sie kurz bei der heißen Quelle von **Ain al-Kasfah im gleichnamigen Vorort** vorbei, deren Wassertemperatur fast 50° C beträgt, bevor Sie Rustaqs Festung **Qalaat al-Qesra** → S. 55 besuchen. Das verwinkelte Fort beherbergt das Grab von Ahmad bin Said al-Busaidi, dem Begründer der heutigen Regierungsdynastie. **Nur eine Viertelstunde Fahrt Richtung Küste liegt linker Hand der Staatsstraße 11 die mächtige Festung 7 al-Hazm** → S. 53, die wegen der vielen Details etwas mehr Zeit verdient. Und jetzt, noch eine? Ja, aber eine verfallene, in die Sie nicht rein dürfen, die aber interessante Architektur aufweist: 25 km sind es nach **8 al-Hoqain** – und Sie können sich dort wie die Einheimischen im nahen **9 Wadi al-Hoqain** INSIDER TIPP unter dem kleinen Wasserfall erfrischen. Es ist ein Vorgeschmack für das Bad im Indischen Ozean, das Sie nach dem Spaziergang am **10 Strand von Sawadi** → S. 52 bei Barka erwartet. Der Nachmittag ist wegen des Lichts die beste Zeit für einen einstündigen Bootsausflug: Vom Strand aus geht es zu den ⑪ **Daymaniyat-Inseln** → S. 52.

⑪ Daymaniyat-Inseln

3 LUFTIGE HÖHEN UND TIEFE SCHLUCHTEN

START: ① **Rustaq**
ZIEL: ⑭ **Misfat al Abriyyin**

Strecke:
225 km

3 Tage
reine Fahrzeit
7 Stunden

KOSTEN: Mietwagen (4x4) 120 Euro/Tag, Canyoning 80 Euro, Übernachtungen Wadi Bani Awf 45 Euro, Jebel Shams 80 Euro, Misfat 60 Euro (pro Person, inkl. Halbpension)
MITNEHMEN: Wasserfeste Schuhe für das Canyoning und feste Schuhe für die Berge oder Trekkingsandalen, Taschenlampe, Sonnenschutz, Trinkwasser, Picknick

ACHTUNG: Für diese Tour ist ein Geländewagen nötig. Die Canyoning-Tour unbedingt vorab bei **Arab Adventures** *(Tel. 24 45 23 11 | www.arab-adventures.com)* buchen und auf keinen Fall allein aufbrechen! Bei Regen sind die *wadis* lebensgefährlich – entweder schleunigst raus oder gar nicht erst rein! Übernachtung nach der Tour im **Camp im Wadi Bani Awf** bei *baitbimah.omantrekkingguides.com* buchen. Die Piste von der Oase Bilad Sayt zum Aussichtspunkt Sharaf al-Alamayn kann nach starken Regenfällen blockiert sein.

Diese Tour führt Sie ins Herz des westlichen Hajargebirges, wo der Puls des Lebens zwar dank moderner Entwicklungen beständiger, aber nicht hektisch geworden ist. Etwas Mut und eine Portion Sportlichkeit brauchen Sie für die Bewältigung der abenteuerlichen Pisten und Durchquerung der Schluchten – aber es erwartet Sie ein begeisterndes Abenteuer.

Nach einem herzhaften Frühstück in ① **Rustaq** → S. 54 geht es **auf der Staatsstraße 10 (Rustaq-Miskin-Road) zum** ② **Wadi Sahtan** → S. 57, das noch immer eins der schönsten Täler im nördlichen Oman ist, denn es führt ganzjährig Wasser und erlaubt eine üppige Vegetation, darunter Akazien und Schilfgräser. **Steigen Sie aus, spazieren Sie immer mal wieder im Schatten der Palmen** und schauen Sie nach oben – an den unmöglichsten Stellen stehen Hausruinen an den Felskanten. **Straße und Piste führen Sie nach ca. 10 km in die** INSIDER TIPP **Sahtan Bowl**, eine große Ebene mit kleinen Dörfern umringt von steil aufragenden Bergen.

TAG 1
① Rustaq
14 km
② Wadi Sahtan
33 km

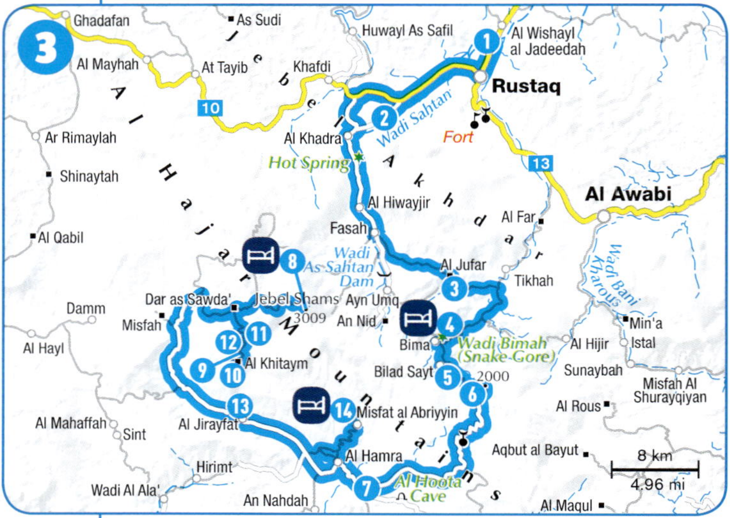

3 Wadi Bani Awf

15 km

4 Wadi Bimah

4 km

TAG 2

5 Bilad Sayt

13 km

6 Sharaf al-Alamayn

13 km

7 al-Hamra

Rechter Hand erkennen Sie die Radarstation des Militärs auf dem Jebel Shams. Kurz darauf verengt sich die Route wieder – sie sind im 3 Wadi Bani Awf → S. 57 wo Sie heute auch in einem Camp übernachten werden. Doch zunächst treffen Sie Ihren Guide für die ca. vier- bis fünfstündige **Canyoning-Tour** durch das **4 Wadi Bimah**, besser bekannt als *Snake Gorge (Schlangenschlucht)*. In der tiefen, schmalen Schlucht heißt es immer wieder schwimmen, abseilen oder springen und selbst im Sommer ist es hier kühl. Mit einem Adrenalinspiegel jenseits von Gut und Böse geht es dann weiter zum gemütlichen **Camp im Wadi Bani Awf**.

Die ersten steilen Pistenkilometer des neuen Tags bringen Sie zur Bergoase 5 Bilad Sayt → S. 57. Steigen Sie aus, nehmen Sie sich Zeit für den Ort, bewundern Sie die grünen Felder in der leuchtenden Morgensonne und holen Sie nochmal tief Luft. **Denn jetzt geht's bergauf.** Sie haben hoffentlich noch etwas Adrenalin übrig, denn die Piste wird steil und staubig – aber **wenn Sie auf 2000 m Höhe am 6 Sharaf al-Alamayn** → S. 68 angekommen sind, werden Sie staunen, über sich und den fulminanten Blick über die Schluchten und Gipfel des westlichen Hajar. Haben Sie sich verdient! **Eine gute Asphaltstraße führt Sie hinab zur Oase 7 al-Hamra** → S. 63 mit ihren bis zu 400 Jahre alten Lehmhäusern, dem Museum **Bait al-Safah** → S. 63

und dem **Restaurant am südlichen Ortseingang auf der linken Seite neben der HSBC-Bank für die Mittagspause. Die Fahrt auf den ⑧ Jebel Shams** → S. 67 – mit 3009 m der höchste Gipfel – ist entspannt, wie die Nächte im **Jebel Shams Resort** *(Tel. 99 38 26 39 | www.jebelshamsresort.com | €–€€)* mit Bungalows, Zelten und Pool. Es liegt nah am Aussichtspunkt ins **⑨ Wadi Nakhar** → S. 67, den „Grand Canyon" Omans, und zum Startpunkt der morgigen Wanderung ist es nur eine kurze Fahrt.

Die Wanderung auf dem **Balcony Walk** ist toll, weil leicht, und die 250 m Höhenunterschied sind ein Klacks. **Los gehen Sie bei dem kleinen Dorf ⑩ Sab, Ziel ist ein verlassenes ⑪ Dorf am oberen Rand des Wadi Nakhar.** Selbst wenn Sie trödeln, brauchen Sie hin und zurück nur entspannte vier Stunden – nehmen Sie trotzdem genug Wasser mit. Mit dem Auto geht es nach der Mittagspause im **⑫ Jebel Shams Resort die gleiche Strecke wie am vorherigen Tag wieder hinab.** Unten angekommen, gönnen Sie sich einen Blick in das hier schmale **⑬ Wadi Nakhar** → S. 68. Wenn es nicht geregnet hat, führt eine schmale Piste tief hinein, sonst heißt es umkehren. Der Nachmittag und Abend gehören der wunderschönen Bergoase **⑭ Misfat al Abriyyin** → S. 67, wo Sie im einfachen, aber gemütlichen Gasthäuser Omans eine unvergessliche Nacht verbringen, im **Misfah Old House** → S. 68.

60 km
⑧ Jebel Shams
15 km
⑨ Wadi Nakhar

TAG 3
4 km
⑩ Sab
3 km
⑪ Dorf
3 km
⑫ Jebel Shams Resort
30 km
⑬ Wadi Nakhar
17 km
⑭ Misfat al Abriyyin

Spektakuläre Wanderung: auf dem Balcony Walkway durchs Felsenland

4 DAS WADI UND DIE WÜSTE

START: ❶ Mirbat
ZIEL: ❽ Wadi Dawkah

Strecke:
773 km

3 Tage
reine Fahrzeit:
10 Stunden

KOSTEN: Mietwagen (4x4) 120 Euro/Tag, Unterkünfte 50 Euro/Person, Wüstentour 250 Euro/Person (inkl. Halbpension)
MITNEHMEN: Badesachen, feste Schuhe, Sonnenschutz, Wasser

ACHTUNG: Ideal für die Tour ist ein Geländewagen; Trip in die Wüste rechtzeitig vorab buchen!

Die meisten Urlauber konzentrieren sich im Süden auf Salalah, das ist auch gut so. Dann haben Sie nämlich mehr Ruhe für den Osten des Dhofar, der sträflich vernachlässigt wird. An der Landschaft liegt es nicht, darauf können Sie wetten!

TAG 1

❶ Mirbat
215 km
❷ Shuwaimiyah
12 km
❸ W. Shuwaimiyah
114 km

Los geht's morgens in ❶ **Mirbat** → S. 85. Achten Sie bei den alten Häusern auf das Baumaterial – das ist Korallengestein und war früher typisch für diese Region. Nach einer Stippvisite bei den Fischern im **Hafen** **geht's auf der Straße Nr. 52 für 50 km durch das Landesinnere.** Jetzt heißt es den Staub von der Linse Ihrer Kamera zu putzen und bereit zu sein, denn bis **Hasik** → S. 84 fahren Sie an einigen Stellen gefühlt fast durch die Brandung des Indischen Ozeans, die sich an den Felsen neben der Straße spektakulär aufbäumt.

Riesiger Sandkasten: in den Dünen der Rub al-Kahli

Hasik dürfen Sie links liegen lassen. Auf den folgenden 80 km erfährt der Begriff Straßenbaukunst eine völlig neue Definition. Was den Schweizern ihr neuer Gotthardtunnel, ist für Oman diese atemberaubende Straße entlang der Küste! In ❷ **Shuwaimiyah** → S. 85 stärken Sie sich in einem der indischen Restaurants und fahren, wenn das grelle Licht weicher wird, ins herrliche ❸ **Wadi Shuwaimiyah** → S. 85. Da Sie im **Guesthouse** → S. 85 von Shuwaimiyah übernachten, haben Sie keine Eile und können die wunderbare Natur des *wadis* genießen.

Heute morgen bietet zwar die Landschaft rechts und links der Landstraße eher wenig Abwechslung, aber bei **4 Marmul** fahren Sie durch einen Wald „nickender Esel", die das Öl aus 3000 m Tiefe hochpumpen – so nah kommen Sie nirgends sonst an die Dinger ran. In **5 Thumrait** belohnen Sie sich dann mit einem Mittagessen in einem **Restaurant gegenüber der am südlichen Ortsrand gelegenen Shell-Tankstelle** und treffen hier Ihren Guide **Musallim** → S. 83. Der bringt Sie sicher in die größte Sandwüste der Erde – in die **6 Rub al-Khali (Leeres Viertel)** → S. 86. Bei Lagerfeuer, Tee und tausend Sternen erleben Sie die unvergessliche Magie der Stille einer Wüstennacht.

Keine Worte geben die Schönheit eines Sonnenaufgangs über der Wüste wieder. Deshalb steht hier auch keine Beschreibung dieses Moments, sondern nur der wohlgemeinte Rat: INSIDER TIPP Stehen Sie früh auf! Nach einem gemütlichen Frühstück geht es dann **auf gleicher Strecke wie gestern zurück Richtung Thumrait,** diesmal **halten Sie aber in 7 Ubar** → S. 88 an. Gestern wäre es zeitlich eng geworden, die Ruinen der antiken Karawanenstadt anzusehen. Ob Sie wollen oder nicht, **in Thumrait** hat Sie die Zivilisation wieder. Nach einer Mittagspause schnuppern Sie noch im **8 Wadi Dawkah** → S. 89 an den exotischen Weihrauchbäumen.

TAG 2

4 Marmul

154 km

5 Thumrait

123 km

6 Rub al-Khali

TAG 3

29 km

7 Ubar

126 km

8 Wadi Dawkah

SPORT & WELLNESS

Ach kommen Sie, Sonnenbaden geht auch daheim am Baggersee, dafür müssen Sie nicht nach Oman reisen. Wie wär's statzdessen mit Abseiling, Canyoning oder Kiten an arabischen Ufern?

Sie möchten also fit bleiben im Urlaub – eine gute Idee. Oman bietet da ein paar ganz prima Möglichkeiten, angefangen von den Stränden in Muscat oder Salalah, wo Sie sich nach dem Aufstehen das Frühstück beim Joggen „verdienen" können. Die Hotels unterstützen Ihr Urlaubs-Fitness-Projekt mit Pools, Tennisplätzen, Squashcourts, Segelkursen oder Tauchschulen.

Es soll eher etwas Abenteuerliches sein? Da hätten wir die Berge, die Sie entweder geführt bekraxeln, allein erwandern oder in mehrtägigen Touren mit Eseln als Lasttieren überqueren können. Oder schwebt Ihnen eher etwas im mentalen Fitnessbereich vor, also sozusagen Massage für Körper, Geist und Seele? Lässt sich natürlich arrangieren, von der sehr exklusiven 14-Tage-Behandlung im monetären „Da-denk-ich-jetzt-besser-gar-nicht-drüber-nach"-Bereich bis hin zur günstigen Einmalbehandlung aus dem „Weil-ich-da-grad-Lust-drauf-habe"-Segment.

BERGSPORT

In keiner anderen Region Omans hat sich das Angebot an sportlichen Aktivitäten in den letzten Jahren so rasant entwickelt wie in den Hajarbergen. Das

 Bild: Klettersteig am Jebel Shams

Omans Wüsten, Berge und Küsten sind ein herrlicher Abenteuerspielplatz. Probieren Sie's – mit Guide oder auf eigene Faust

beginnt bei den Wandertouren, die Sie alleine und ohne Guide unternehmen können (allerdings nur, wenn Sie über eine gewisse Grunderfahrung im Bergwandern verfügen!): Sie finden zwölf herrliche Routen im Internet unter *www.omantourism.gov.om* unter dem Suchwort „Trekking".

Anspruchsvoller sind dagegen die mehrtägigen Trekkingreisen verschiedener deutscher Veranstalter wie z. B. *Bedu Expeditionen (Tel. 089 62 43 97 91 | www.bedu.de), Hauser Exkursionen (Tel. 089 2 35 00 60 | www.hauser-exkursionen.de)* oder *Nomad (Tel. 06591 94 99 80 | www.nomad-reisen.de)*, die sowohl im westlichen als auch im östliche Hajargebirge unterwegs sind. Bei manchen Touren tragen Esel das Gepäck – Sie werden es kaum glauben, an welch extremen Stellen diese störrischen Tiere ungerührt vorbeilaufen.

Extrem wird es für Sie selbst dann bei den ausgefalleneren Aktivitäten wie etwa beim Caving, Canyoning oder Abseiling. Für diese Sportarten sollten

Sie schon ein klitzekleiner „Braveheart" sein, schließlich verlassen Sie im wahrsten Wortsinn ausgetretene Pfade! Eine spannende Cavingtour inkl. Einweisung bietet *Husaak Adventures (Whatsapp 00965 99635414 | www.husaak.com)* unter dem Titel „7th hole". Für die anderen Sportarten: *Oman World Tourism (www.omanworldtourism.com)*.

ber St. | Tel. 22005990 | www.almoujgolf.com) mit schwierigen Bunkern aber einem wirklich feinen Blick übers Meer. Der zweite Neue ist der *Muscat Hills Golf & Country Club (tgl. 7–24 Uhr | Airport Hights | Tel. 24514080)*, eingebettet in die sanften Hügel am Fuß der nahen Berge. Alle drei Plätze sind 18-Loch-Parcours.

Ja, die heißt wirklich so: Tauchbesuch bei einer Purpurroten Katzenschwanz-Koralle

GOLF

Bis 2012 trugen passionierte Anhänger dieses Sports das Green in Form eines kleinen Abschlagteppichs mit sich herum, gab es doch nur einen Sandgolfplatz in Muscat. Das ist der *Ghala Golf Club (tgl. 7–21 Uhr | Wadi Baushar | Way 61 | Tel. 92194957 | www.ghalagolf.com)*, der mittlerweile einen wunderbaren Rasen sein Eigen nennt.

Daneben gibt es zwei neue Parcours, den an der Küste gelegenen *Almouj Golf Course (tgl. 6.30–24 Uhr | 18th Novem-*

KAYAKING

Die kleinen, bunten Boote werden in Oman immer beliebter, da es ja auch herrliche Regionen damit zu entdecken gibt. Etwa die grandiosen Buchten in Musandam, wo Sie bei *Dolphin Khasab Tours (Khasab Coastal Rd. | Tel. 26730813 | www.dolphinkhasabtours.com)* tageweise Kayaks mieten können. Eine besondere Tour bietet u. a. die Agentur *Husaak Adventures (Whatsapp +965 99635414 | www.husaak.com)* mit Sitz in Kuwait an: einen Übernachtungsausflug mit Kayaks zu einem abgelegenen Strand in der sehr schönen Bucht bei Bandar Khayran. Die Touren dieser Agentur sollte man aber frühzeitig von zu Hause aus buchen.

KITEBOARDING

Die Küsten Omans mit flachem Sandstrand, kräftigem Wind und guten Hotels sind nahezu perfekt für diesen Sport. Zum international anerkannten Hotspot hat sich die *Masirah-Insel (s. S. 58)* gemausert, die auch die lokale Agentur *Kiteboarding Oman (18th November St., hinter dem neuen Flughafen | Tel. 96 32 35 24 | www.kiteboarding-oman.com)* im Angebot hat. Der deutschsprachige Veranstalter bietet aber auch Ausflüge zu diversen Stränden rund um Muscat an, inklusive Spots mit Geheimtipp-Charakter.

Wenn Sie Profi sind und eine Herausforderung suchen, dann käme für Sie auch eine Reise während des Monsuns von Juni bis September in Frage – da kachelt es richtig ordentlich!

TAUCHEN

Alleine werden Sie da unten vor der Küste Omans nicht sein, denn Rochen, Schildkröten, Delphine, Walhaie, Wale und Haie bevölkern die Tauchreviere des Landes. Wegen der unzähligen tropischen Fische und der zarten Seepferdchen, die einen hier umschwimmen, heißen die Tauchgründe nahe den *Daymaniyat-Inseln (s. S. 52)* jedenfalls unter Kennern nur „das Aquarium".

Sollten Sie erste Flossenschläge in die unbekannte Wasserwelt wagen wollen, dann helfen Ihnen die Tauchlehrer von *Dimaniyat Diving (Jawharat al-Shatti Complex | Shatti al Qurum | Tel. 99 31 13 50 | www.dimaniyat.com)* gerne weiter. In Salalah kennen sich die Jungs von *Extra Divers (www.extradivers-worldwide.com)* sehr gut aus. Und weil sich nahe der Küste vor *Mirbat* ein exzellentes Tauchrevier befindet, in dem auch Wracks liegen, haben sie in dem alten Piratennest 2016 eine weitere Tauchbasis eröffnet.

WELLNESS

Oman hat ein paar sehr ausgesuchte Adressen, wo Sie den verspannten Körper und die stressgeplagte Seele so richtig genial verwöhnen lassen können. Dauerhaft verlängern möchten Sie vermutlich im *Al Bustan Palace Hotel (s. S. 37)* mit seiner exklusiven Six-Senses-Spa-Anlage im weitläufigen Garten.

Aber auch bei den Behandlungen im *Hotel The Chedi (s. S. 46)* mit orientalischen Verwöhnritualen laufen Sie Gefahr, verjüngt abzureisen, während Ihre Seele dableiben möchte. Ziemlich unschlagbar im Gesamtkonzept zur Erholung von Körper, Geist und Seele ist aber das (unglaublich teure) *Six Senses Zighy Bay Resort (s. S. 96)* bei Dibba. Das beginnt bei der ruhigen, abgeschiedenen Lage, geht weiter über den exklusiven Salzwasserpool und endet noch lange nicht bei der Shirodhara-Ayurveda-Behandlung.

Wenn's Ihre Seele nicht ganz so exklusiv braucht und es Sie nicht stört, dass der Wellnesstempel in einem Shoppingcenter untergebracht ist, dann schauen Sie doch im *Grand Spa (Sa–Do 10–19 Uhr | Bareeq Al Shatti Mall | Ras Al Hamra St. | Mutrah | Muscat | Tel. 24 69 57 66 | www.facebook.com/GrandSpaMuscat)* vorbei, wo Sie auf thailändische Art verwöhnt werden. Wer sagt eigentlich, dass Wellness nur was für Frauen ist? Jungs dürfen sich z. B. in der *Spa Bar for Men (Sa–Do 9–21 Uhr | Jawharat al-Shatti-Complex | Way 2817 | Qurum | Tel. 24 69 86 81)* verwöhnen lassen.

MIT KINDERN UNTERWEGS

Das Sultanat mit Kindern zu bereisen ist eine absolute Freude. Zwar gibt es keine großen Wasserrutschenvergnügungsbäder. Aber erstens ist die Natur in Oman ein einzigartiger Spielplatz. Und zweitens lieben Omanis Kinder und verwöhnen sie unheimlich gern.

Einheimische Familien haben im Durchschnitt deren vier und reisen mit ihnen dank der guten Infrastruktur ohne Schwierigkeiten. Sei es zu den Beduinen in der Wahiba-Wüste, in die Berge, wo es leichte Wanderpfade gibt, z.B. am Jebel Akhdar, oder ans Meer. Ideales Ausflugsziel sind auch die *wadis*, wo man kurze Wanderungen machen kann und erfrischende Pools sowie schattige Plätze für ein schönes Picknick findet wie im Wadi Abyad. Unterwegs gibt es öffentliche Parks mit Spielplätzen und Restaurants für Pausen. Letztere verfügen meist über einen *family room,* wo sich auch alleinreisende Frauen mit ihren Kindern ungestört (z. B. zum Wickeln) aufhalten können. Von der Windel über Nahrung bis zum Schnuller gibt's alles in guter Qualität zu kaufen. Zwar ist das Angebot im Süden Omans noch dünn – dafür gibt's kilometerlange Sandburgenbauplätze am Ufer des Indischen Ozeans.

Die Hotels bieten (manchmal gratis) Zustellbetten an, dazu Zimmer mit Verbindungstür oder Familienzimmer, Pools für Kinder, Tagesbetreuung oder Babysitter. Wenn Sie einen Kindersitz im Mietwagen brauchen und rechtzeitig anfragen, haben Sie ihn bereits bei Wagenübernahme an Bord.

Die Strände Omans sind sehr kinderfreundlich, denn sie sind oft sandig und gehen überwiegend flach ins Wasser. Aufpassen müssen Sie nur auf ausreichend Sonnenschutz und vor allem in Salalah auf die Meeresströmung!

MUSCAT UND UMGEBUNG

BLU ZONE DIVING (139 F2) (*m2*)

Beim fröhlichen „Bubblemaker"-Einführungskurs in die Welt des Tauchens finden Kinder ab 8 Jahren heraus, ob sie später in die Fußstapfen von Jacques Cousteau treten wollen. Es gibt auch Angebote für Ältere oder Fortgeschrittene. *Tgl. 8–16 Uhr | 15 RO | al-Saidiya St., in der Marina Bandar Al Rowdha | Tel. 24737293 | www.angelfire.com/biz3/Bluzone*

KINDERMUSEUM (139 D1) (*k1*)

Im Oman Children's Museum dürfen Kinder nicht nur, hier sollen sie sogar

Sandburgen bauen, Geheimgänge in Festungen entdecken, auf Kamelen reiten – und an fast jeder Ecke steht eine Schaukel!

Sachen anfassen, um zu lernen wie das Sonnensystem funktioniert, warum Ballons steigen und wie sich der Schall ausbreitet. Für Ein- bis Fünfjährige gibt es eine Spielecke. *Sa–Do 9–13 u. 16–19 Uhr | Erw. 500 bz, Kinder frei | Sultan Qaboos St.*

MARAH LAND (139 D1) (*🕮 k1*)
„Marah" bedeutet „Spaß", und den werden Ihre Kinder in dem kleinen Vergnügungsviertel mit kindgerechter Achterbahn, Bimmelbahn, Riesenrad, Karussell und indischen Fastfood-Buden bestimmt haben. *Sa–Do 8–13 u. 16–24, Fr 16–24 Uhr | al-Qurum St. | Qurum Park | Eintritt 300 bz, Kinder unter 5 Jahren frei*

MUSCAT FESTIVAL
Beim alljährlich im Frühjahr stattfindenden Stadtfest sind viele Veranstaltungen extra für Kinder wie z.B. Gesangswettbewerbe, ein Theaterpavillon, ein Dino-Park oder gleich ein ganzes Familiendorf – da dürfen die Eltern natürlich auch mit rein. *www.muscat-festival.com*

SCHWIMMENDE HÜPFBURG
(135 E1) (*🕮 G4*)
Im Hafen von as-Sifah schwimmt ein aufblasbares und beaufsichtigtes Spaßgebilde mit Rutschen, Sprungturm und Hüpfkissen. Tagesgäste sind willkommen. *Tgl. 9–17 Uhr | Hafen von as-Sifah, Eingang über das Sifawy Boutique Hotel | Erw. 8 RO, Kinder 6 RO pro Stunde*

NORDOMAN

KAMELREITEN IN DER WAHIBA-WÜSTE
Mehrere Camps in der Wahiba-Wüste bieten Kindern (meist kostenlos) die Möglichkeit an, mal wie ein Wüstenforscher „hoch zu Höcker" über den Sand zu reiten – ein ganz besonderes Erlebnis, vor allem wenn die Tiere sich aus ihrer Liegeposition erheben. Sehr schön ist ein solcher Ausflug etwa bei der Beduinenfamilie von Rashid Al-Mughairy im *Nomadic Desert Camp* *(s. S. 59)* oder im *1000 Nights Camp* *(s. S. 59)*.

EVENTS, FESTE & MEHR

Stellen Sie sich vor, es ist Weihnachten, aber Sie wissen nicht genau, wann! Dann können Sie sich ungefähr die Sache mit den wichtigsten Feiertagen in Oman vorstellen. Warum das so ist? Wie in der arabischen Welt üblich, richten sich auch in Oman die religiösen Feiertage nach dem islamischen Mondkalender, der elf Tage kürzer ist als „unser" Sonnenkalender, weshalb sich die Feiertage durch das Jahr (ver-)schieben.

In Oman gibt es allerdings eine Besonderheit – es ist eines der wenigen Länder mit einer „Mondkommission". Die schaut nach (bei Wolken per Hubschrauber), ob tatsächlich Neumond ist, und entscheidet dann, ob z. B. der Ramadan auch wirklich zu Ende ist. Das würde bei uns bedeuten, Weihnachten ist entweder am 23., 24.oder 25. Dezember. Und wegen des Mondkalenders im Jahr darauf dann elf Tage früher.

Für uns ist das kaum vorstellbar, doch die Omanis sind es gewöhnt und sind vorbereitet. Sie haben rechtzeitig eingekauft – was Sie vielleicht auf den proppevollen Wochenmärkten vor den Feiertagen erleben werden –, die Häuser sind bunt geschmückt mit Fahnen und/oder Lichterketten, die kleinen Kinder frisch eingekleidet und mit Süßigkeiten verwöhnt, die Mädchen mit Haarspangen und die Jungen mit dem ersten kleinen Dolch ausgestattet. Das öffentliche Leben ruht an diesen Tagen und – das ist der Nachteil – überall, sei es in den *wadis*, den Wüstencamps oder an den Stränden, ist sehr viel los. Das Tolle an dieser Zeit ist wiederum die Möglichkeit, mit den Einheimischen noch schneller in Kontakt zu kommen. Die gängige Grußformel lautet dann *eid (sprich ied) mubarak* („gesegnete Feiertage") und es finden viele Kamel- und Pferderennen statt. Einen Terminkalender gibt es nicht – Sie müssen Augen und Ohren offenhalten.

RELIGIÖSE FESTTAGE

Ramadan: An religiösen Feiertagen wird kein Alkohol ausgeschenkt und während des Fastenmonats sind auch Lokale tagsüber geschlossen. In den Hotels haben meist ein oder zwei Restaurants geöffnet, oder Sie bekommen Zimmerservice. 2018: 16. Mai bis 14. Juni, 2019: 6. Mai bis 5. Juni

Eid al-Fitr: wird am Ende des Fastenmonats für drei bis vier Tage gefeiert. Beginn 2018: 15. Juni, 2019: 6. Juni

Maulid al-Nabi: Geburtstag des Propheten Mohammed. 2018: 20. Nov., 2019: 10. Nov.

Der Mond bestimmt den Rhythmus der Feiertage, die Festivals stecken voll Kultur. Und der Geburtstag des Sultans ist eine Riesenparty!

Lailat al-Miraj: wird anlässlich der Himmelfahrt *(miraj)* des Propheten gefeiert. Per Leiter oder – je nach Lesart – auf dem Wunderpferd Buraq gelangte der Prophet in den Himmel und durfte einen Blick auf Paradies und Hölle werfen. In dieser Nacht werden Gebete besonders erhört. 2018: 13. April, 2019: 2. April

Eid al-Adha: das Opferfest am Ende des Pilgermonats. Einmal im Leben soll jeder Muslim, der körperlich und finanziell dazu in der Lage ist, nach Mekka reisen und wird danach respektvoll mit *hajji* bzw. *hajjia* angesprochen. 2018: 22. Aug., 2019: 12. Aug.

Ras al-Sana: das islamische Neujahrsfest. 2018: 11. Sept., 2019: 31. Aug.

FESTE & VERANSTALTUNGEN

JANUAR/FEBRUAR

● ***Muscat Festival***: ein vierwöchiges Volksfest mit der Darbietung von Tänzen und Gesängen aus dem gesamten Oman. *www.muscat-festival.com*

FEBRUAR

Tour of Oman: Das sechstägige Radrennen à la Tour der France findet rund um Muscat statt. *www.tourofoman.com.*

JULI/AUGUST

Khareef Festival: Volksfest in Salalah mit kulturellen Veranstaltungen vom 15. Juli bis 31. August

FEIERTAG

Es gibt nur einen staatlichen Feiertag: Der Geburtstag von Sultan Qaboos am 18. November ist zugleich Nationalfeiertag, obwohl die Staatsgründung eigentlich am 23. Juli 1970 war – aber feiern Sie mal bei 45° C im Schatten! Die Feierlichkeiten und arbeitsfreien Tage für die Bevölkerung sind allerdings erst gegen Ende November. Überall im Land finden in diesem Monat spontane Solidaritätskundgebungen mit Fähnchen, Ansteckern, Girlanden und Plakaten mit dem Konterfei des Sultans statt.

LINKS, BLOGS, APPS & CO.

LINKS & BLOGS

www.deutschoman.de Die Deutsch-Omanische Gesellschaft verknüpft beide Länder auf verschiedenen Ebenen. Auf der Website findet sich der ein oder andere Hinweis auf kulturelle Veranstaltungen und Publikationen

www.indian-ocean.africa.si.edu So wie der Berliner Hermann Burchardt, der Anfang des 20. Jhs. durch den Mittleren Osten reiste, hat selten jemand Oman erlebt und fotografiert – eindrucksvolle Bilder aus den Jahren 1903 und 1904

www.marcopolo.de/oman Alles auf einen Blick: interaktive Karten, Impressionen aus der Community, aktuelle News und Angebote ...

www.omaninfo.com Eine der umfangreichsten Informationsquellen zum Sultanat mit Artikeln über Politik, Gesundheit, Geologie, Geschichte und die Bevölkerung. Obwohl nicht mehr ganz aktuell (letzte Daten von 2011), ist die Website gut für Hintergrundwissen

www.met.gov.om Von der zivilen Luftfahrtbehörde PACA (Public Authority for Civil Aviation) betriebene Wetterauskunft, die sehr hilfreich ist für alle, die viele Outdoor-Aktivitäten planen. Sollten Sie unbedingt mal draufschauen, bevor Sie in die Wildnis ziehen!

www.omanobserver.om Die Internetsite dieser überregionalen Tageszeitung Omans veröffentlicht Aktuelles und unter der Rubrik „Features" immer wieder interessante Berichte über historische, kulturelle oder gesellschaftliche Besonderheiten im Sultanat

www.oman-shop.de Hier können Sie Produkte wie Weihrauch oder Kunsthandwerk aus Oman online einkaufen. Diese sind so original, dass Sie nach einem Besuch im Sonnenstudio Freunden gegenüber so tun können, als wären Sie tatsächlich da gewesen! Es gibt auch Literatur und Musik

Egal, ob für Ihre Reisevorbereitung oder vor Ort: Diese Adressen bereichern Ihren Urlaub. Da manche sehr lang sind, führt Sie der short.travel-Code direkt auf die beschriebenen Websites. Falls bei der Eingabe der Codes eine Fehlermeldung erscheint, könnte das an Ihren Einstellungen zum anonymen Surfen liegen

www.y-oman.com So etwas wie ein Online-Szenemagazin mit Veranstaltungstipps, Wettervorhersagen und was sich touristisch so tut im Land

Expatwoman.com Viele Infos sind zwar für ausländische Gastarbeiter(innen) gedacht wie z.B. die ausführlichen Kosmetiktipps oder wo die Kinder zur Schule gehen können, aber es finden sich auch Berichte über Neueröffnungen von Restaurants oder Berichte von Ausflügen

www.omantripper.com Bilderreise durch die Landschaften Omans mit Kartenhinweisen zu den Aufnahmeorten

www.reisedepeschen.de Kein speziell auf Oman ausgerichteter Reiseblog, aber mit lesenswerten und auch kritischen Berichten über das Sultanat

dhofarigucci.blogspot.de In den Beiträgen berichtet die omanische Autorin nicht nur über ihr Leben in Salalah, sondern auch über kulturelle und wirtschaftspolitische Themen, manche nicht ohne Brisanz wie z. B. die weibliche Beschneidung

VIDEOS

www.oman.de Hier findet man sehr viel Interessantes, unter „Projekte“ und „Filme“ u. a. einen sehr gut gemachten Dokumentarfilm zum Thema religiöse Toleranz – ein wunderbarer Beitrag gegen die Panikmacher hierzulande

www.youtube.com, Stichwort „Oman“ Dutzende Filme über das Sultanat in unterschiedlicher Qualität, interessant und (meist) erhellend

APPS

GreenLife „Jetzt hab' ich vor dem Urlaub extra noch den Arabischkurs gemacht und versteh den Bedu trotzdem nicht ...“ Aber diese Übersetzer-App!

Cityvago „Irgendwo in Muscat bekommt man doch bestimmt einen Absacker ... ach, Taxi brauch ich ja auch – perfekt, schau ich doch in der Cityvago-App“

Tour Oman Was sollen Sie anschauen, wo können Sie Ihr müdes Haupt betten, wo einkaufen, und in welcher Straße sind Sie hier überhaupt? All diese Fragen und noch viele mehr beantwortet diese App

PRAKTISCHE HINWEISE

ANREISE

Direktflüge mit *Oman Air (www.omanair.com)* kosten je nach Saison zwischen 650 und 900 Euro, dauern ca. 6,5 Stunden und gehen fast täglich ab München, Frankfurt oder Zürich nach Muscat. Direktverbindungen nach Salalah gab es bei Redaktionsschluss nur per Charterflug, Lufthansa fliegt Muscat derzeit nicht direkt an. Weitere Fluggesellschaften (mit günstigeren Umsteigeverbindungen) sind *Emirates (www.emirates.com)* via Dubai, *Etihad Airways (www.etihad.com)* via Abu Dhabi und *Qatar Airways (www.qatarairways.com)* via Doha; alle drei Fluggesellschaften fliegen von verschiedenen deutschen Flughäfen und auch ab Wien und Zürich. *Swiss (www.swiss.com)* startet ab Zürich ebenso wie *Turkish Airlines (www.turkishairlines.com)*, hier gehen die Flüge via Istanbul.

AUSKUNFT

Im Land selbst gibt es keine Informationsstellen. Aber Sie können durchaus bei einer Polizeistation nach dem Weg fragen oder sich nach Sehenswürdigkeiten erkundigen – die Beamten sind gern behilflich. Das omanische Tourismusministerium hat eine Vertretung in Deutschland:

SULTANATE OF OMAN
Ministry of Tourism | c/o Interface International GmbH | Karl-Marx-Allee 91 A | 10243 Berlin | Tel. 030 42 08 80 12 | www.omantourism.de

AUTO

Autofahren ist in Oman kein Problem. Es wird rechts gefahren, die Straßen sind in gutem Zustand, die Benzinversorgung ist dank des dichten Tankstellennetzes auch in abgelegeneren Regionen gesichert und die Ausschilderung in Englisch. Das Mindestalter für Fahrer ist 18, bei Geländewagen 25 Jahre, ein internationaler Führerschein ist nicht nötig. Es gibt Radarkontrollen, die Strafen sind empfindlich und Alkohol am Steuer bedeutet Gefängnis! In den Kreisverkehren hat Vorfahrt, wer im Kreisverkehr ist, und bei Regen sollten Sie langsamer fahren, weil es rutschig werden kann.

BADEN

Oman hat tolle Badestrände und auch in einigen *wadis* bieten sich herrliche

GRÜN & FAIR REISEN

Auf Reisen können auch Sie mit einfachen Mitteln viel bewirken. Behalten Sie nicht nur die CO_2-Bilanz für Hin- und Rückflug im Hinterkopf *(www.atmosfair.de)*, sondern achten und schützen Sie auch nachhaltig Natur und Kultur im Reiseland *(www.gate-tourismus.de; www.zukunft-reisen.de; www.ecotrans.de)*. Gerade als Tourist ist es wichtig, auf Aspekte zu achten wie Naturschutz *(www.nabu.de; www.wwf.de)*, regionale Produkte, Fahrradfahren (statt Autofahren), Wassersparen und vieles mehr. Wenn Sie mehr über ökologischen Tourismus erfahren wollen: europaweit *www.oete.de*; weltweit *www.germanwatch.org*

Von Anreise bis Zoll

Urlaub von Anfang bis Ende: die wichtigsten Adressen und Informationen für Ihre Reise nach Oman

Schwimmgelegenheiten. Duschen, Restaurants und Liegen gibt es allerdings nur an Hotelstränden, die man gegen Gebühr auch als Nichtgast nutzen kann. In Salalah sind die Strände am schönsten, achten Sie aber auf die Strömung!

BANKEN, GELD & PREISE

Bargeld wechseln Sie am besten in einer der offiziellen Wechselstuben, die es in jeder größeren Stadt gibt. Am unkompliziertesten ist es, Bares mit der Kreditkarte oder der EC-Karte (mit Maestro- oder Cirrus-Zeichen, kein V-Pay!) an den Geldautomaten z. B. von *NBO (National Bank of Oman)* oder *Bank Muscat* zu ziehen. Sie können auch fast überall problemlos mit der Kreditkarte bezahlen. Abhebungen mit der EC-Karte sind meist teurer als mit der Kreditkarte!

Die Währung des Oman ist der Rial (RO), der unterteilt ist in baiza (bz), allerdings nicht in hundert, sondern in tausend, d. h. 1 RO = 1000 baiza (bz). Das kann zu Verwirrung führen: So kostet eine Packung Weihrauch 1,000 RO – das sind aber nicht 1000, sondern es ist nur ein Rial! Oman ist kein billiges Reiseland, das merken Sie an den Hotelpreisen und -restaurants. Sehr viel günstiger essen Sie in den kleinen Lokalen in den Dörfern oder entlang der Überlandstraßen.

CAMPING

Offizielle Campingplätze gibt es keine, dafür dürfen Sie sich hinstellen, wo Sie möchten. Aber nicht in *wadis* – falls es regnet, besteht Lebensgefahr! In den großen Supermarktketten gibt es Campingausrüstungen zu kaufen.

DIPLOMATISCHE VERTRETUNG

DEUTSCHE BOTSCHAFT

Hillat al-Jazeera, Way 4911 | Ruwi | Muscat | Tel. 24 83 50 00 | www.maskat.diplo.de

ÖSTERREICHISCHE BOTSCHAFT

Vertretung in Saudi-Arabien: *Diplomatic Quarter Riyadh | Tel. +966 114 80 12 17 | www.aussenministerium.at/riyadh*

SCHWEIZER BOTSCHAFT

Villa 1366, Way 3017 | Shatti al-Qurum | Muscat | Tel. 24 60 32 67 | www.eda.admin.ch/muscat

EINREISE & WEITERREISE

Das Visum bekommen Deutsche, Schweizer und Österreicher bei der Einreise. Wichtig: Der Reisepass muss mindes-

WAS KOSTET WIE VIEL?

Taxi	etwa 0,50 Euro *pro km, Grundtarif 2,30 Euro*
Tee	etwa 0,40 Euro *für einen Becher*
Benzin	etwa 0,48 Euro *für 1 Liter Super*
Huhn m. Reis	etwa 4–5 Euro *in einem einfachen Restaurant*
Bier	etwa 7 Euro *für 0,5 Liter*
Weihrauch	2,40–24 Euro *Tüte, je nach Qualität*

tens sechs Monate über das Reiseende hinaus gültig sein. Die Visa kosten 5 RO (10 Tage) oder 20 RO (30 Tage). Eine Beantragung im Heimatland ist aufwendig und teurer. PKW-Reisende nach Musandam oder in die Emirate bekommen Visa an den Grenzen. Dubai und Oman erkennen ihre Visa gegenseitig an, wer also nach einem Zwischenstopp in Dubai nach Oman weiterfliegt oder -fährt, braucht kein neues.

FOTOGRAFIEREN

Respekt und Höflichkeit gebieten auch in Oman, fremde Menschen nicht ungefragt abzulichten – hier besonders die Frauen. Im Botschaftsviertel von Muscat ist Fotografieren verboten, Angehörige von Polizei oder Militär mögen Kameras ebenfalls nicht.

FRAUEN ALLEIN UNTERWEGS

Frauen können unbedenklich alleine durch das Sultanat reisen.

GESUNDHEIT

Impfvorschriften gibt es bei der Einreise aus Europa keine, Malariaprophylaxe ist ebenfalls nicht nötig. Die medizinische Versorgung in Oman ist sehr gut, die Krankenhäuser und Kliniken sind sauber und sehr günstig. Die Apotheken führen alle gängigen Medikamente. Spezielle Medizin für sich persönlich sollten Sie jedoch mitbringen. Hygiene ist in Oman kein Problem, selbst das Leitungswasser ist trinkbar. Sie können Trinkwasser aber auch überall kaufen. In den kleinen Restaurants am Straßenrand können Sie bedenkenlos essen, selbst Speisen wie

BÜCHER & FILME

A day above Oman – Gelungener Bildband von John Nowell über die Naturschönheiten Omans (1992)

Auf den Spuren Sindbads von Arabien nach China – Spannender Bericht des irischen Abenteurers Timothy Severin über die Seereise mit einer Dhau (1988)

Die Brunnen der Wüste – Der englische Forscher Wilfred Thesiger berichtet von seinen Durchquerungen des „Leeren Viertels“ zwischen 1945 und 1950 (1991)

Leben im Sultanspalast – Salme, Prinzessin aus der Al-Bu-Said-Familie, heiratet 1866 einen Deutschen und schreibt unter dem christlichen Namen Emily Ruete über das Leben in Oman (2007)

Emirate und Oman – Schöner Bildband mit anschaulichen Texten von Walter M. Weiss und Kurt-M. Westermann (1996)

Personal Shopper – Der Spielfilm mit Kristen Stewart entstand 2015 an Drehorten in Muscat, Nizwa und in der historischen Festung Bahla

Schönheit des Herzens – Die omanische Dichterin Lubna Abdullah Al Balushi hat sich in die deutsche Sprache verliebt. Die Texte in ihrem Gedichtband (2012) verbinden Orient und Okzident

Suche nach Sindbad – Helen Kaisers Buch von 1979 beschreibt sehr lebendig und mit interessanten Details Omans Aufbruch in die Moderne

etwa Salat, die in anderen Ländern heikel sind, sind in Oman ungefährlich.

INTERNETZUGANG & WLAN

Alle großen Hotels bieten WLAN (in Oman: WiFi). Die Verbindungen in Internetcafés sind oft langsam. Günstig und schneller ins Netz kommt man per Handy mit Prepaid-Karten der Anbieter *Omantel (www.omantel.om)* und *Ooredoo (www.ooredoo.om)*. Beide haben Verkaufsstände an den Flughäfen.

KLEIDUNG

Empfehlenswert ist leichte, lockere Baumwollkleidung, welche die Oberarme bedeckt und mindestens bis zu den Knien reicht, auch bei Männern. Gegen die Sonne sollten Sie eine Kopfbedeckung dabeihaben. Frauen benötigen für den Besuch der Moscheen in Muscat und Salalah ein Kopftuch. Bei der Abgabe von moderner Funktionswanderkleidung in omanischen Wäschereien sollte man vorsichtig sein: Dort wird alles gebügelt und das vertragen die Funktionsstoffe nicht!

KLIMA & REISEZEIT

Das Klima in Oman ist im Wesentlichen zweigeteilt. In den heißen Sommermonaten von April/Mai bis September steigt das Thermometer auf Temperaturen von bis zu 50° C. Im Landesinneren ist es dann sehr trocken, an der Küste kommt eine hohe Luftfeuchtigkeit erschwerend hinzu. In den Wintermonaten bewegen sich die Tagestemperaturen bei angenehmen 25–30° C und die Luftfeuchte fällt kaum ins Gewicht. In der Stadt Salalah liegen die Temperaturen ganzjährig um die durchschnittlich 30° C, denn von Mai/Juni bis in den September hinein sorgt der Monsun für Abkühlung, allerdings bei nahezu 100 Prozent Luftfeuchtigkeit. Die beste Reisezeit ist in den Monaten von Oktober bis März.

KRIMINALITÄT

Oman ist ein sehr sicheres Reiseland und es gibt vergleichsweise wenig Kriminalität. Trotzdem sollte man auch hier die üblichen Vorsichtsmaßnahmen ergreifen, also keine Wertgegenstände offen im Mietwagen liegenlassen und sie im Hotel entweder im Zimmersafe deponieren oder an der Rezeption abgeben. Nach Einbruch der Nacht kann man sich bedenkenlos auf den Straßen bewegen.

WÄHRUNGSRECHNER

€	RO	RO	€
1	0,41	1	2,43
5	2,05	3	7,29
7	2,87	5	12,15
12	4,92	7	17,01
17	6,97	9	21,87
22	9,02	12	29,16
35	14,35	17	41,31
75	30,75	22	53,46
90	36,90	75	182,25

MEDIEN

Ausländische Magazine und Zeitungen sind teuer in Oman und nur in wenigen internationalen Hotels zu bekommen. Gute englischsprachige Zeitungen sind *Oman Observer* oder *Times of Oman.*

MIETWAGEN

Alle großen internationalen Mietwagenfirmen sind in Oman vertreten, dazu

eine Reihe nationaler Firmen, die Fahrzeugflotten sind modern. Ein Mietwagen (PKW) kostet zwischen 30 und 60 Euro pro Tag, ein Geländewagen ca. 120 Euro – trotz des höheren Preises ist ein 4x4 empfehlenswert. Es lohnt sich, die Preise zu vergleichen und schon im Heimatland einen Wagen zu buchen.
Wer mit einem Leihwagen von Oman aus in die Emirate fahren möchte, muss unbedingt einen zusätzlichen Versicherungsschutz abschließen. Einige Autovermieter gestatten allerdings derzeit keine Fahrten ins Ausland mit ihren Fahrzeugen.

NOTRUF

Polizei, Feuerwehr und Krankenwagen: Tel. *9999*

ÖFFENTLICHE VERKEHRSMITTEL

Das gängigste Verkehrsmittel in den Städten sind Taxen, für Überlandreisen z. B. nach Salalah, Nizwa oder Dubai (VAE) bieten sich die Busse der staatlichen Gesellschaft *Mwasalat (www.mwasalat.om)* an.

ÖFFNUNGSZEITEN

Die in diesem Reiseführer genannten Zeiten können sich – auch spontan – ändern. Die meisten Lokale und Restaurants haben keine fest geregelten Öffnungszeiten. Wo dies verlässlich doch der Fall ist, haben wir sie angegeben. Die Lokale öffnen meist bereits gegen 10 Uhr vormittags und sind mit einer ca. 30-minütigen Unterbrechung zur mittäglichen Gebetszeit

WETTER IN MUSCAT

	Jan.	Feb.	März	April	Mai	Juni	Juli	Aug.	Sept.	Okt.	Nov.	Dez.
Tagestemperaturen in °C	24	24	27	32	38	39	38	35	35	34	29	26
Nachttemperaturen in °C	18	18	21	24	30	31	31	29	28	26	21	19
Sonnenschein Stunden/Tag	10	10	9	11	12	12	9	10	11	11	10	9
Niederschlag Tage/Monat	2	1	1	1	0	0	0	0	0	0	1	2
Wassertemperaturen in °C	22	22	22	25	28	30	31	32	31	30	27	24

 ☀ Sonnenschein Stunden | Tag ☂ Niederschlag Tage | Monat ≈ Wassertemperaturen in °C

bis ca. 22 Uhr geöffnet. Freitags sind die meisten Restaurants von 12 bis 12.45 wegen des Gebets geschlossen.
Die normalen Öffnungszeiten der Geschäfte und Wechselstuben sind Samstag bis Donnerstag 8 bis 13 und 16 bis 20 Uhr. Banken haben – wie Behörden – Sonntag bis Donnerstag von 8 bis 14 Uhr geöffnet. Festungen und Museen folgen individuellen Öffnungszeiten, in der Regel entsprechen diese in etwa den normalen Geschäftszeiten. Am Freitag und Samstag ist Wochenende: Freitag findet das wichtige Mittagsgebet statt, dann ist alles von ca. 11.30 bis 13 Uhr geschlossen. Am Vormittag und späten Nachmittag haben Souks, Supermärkte und Geschäfte wieder normal geöffnet.

POST

Eine Postkarte kostet ca. 400 bz inkl. Porto, die Post (Briefkästen mit Schlitz für „national" und „international") braucht eine Woche nach Europa.

TAXI

Taxen sind weiß mit orangefarbenen Kotflügeln und mit einem Schild auf dem Dach. Taxameter haben noch nicht alle, deshalb müssen Sie vor der Fahrt den Preis aushandeln. Einen Fixpreis haben Taxen am Flughafen: 10 RO nach Mutrah.

TELEFON & HANDY

Die Landesvorwahl von Oman ist +968, dann folgt die achtstellige Rufnummer mit integrierter Städtevorwahl. Das Telefonnetz ist ausgezeichnet. Überall finden sich Kartentelefonzellen, Karten gibt es in allen kleinen Läden und Restaurants. Für Vieltelefonierer lohnt sich der Kauf einer Prepaidkarte für das eigene Mobiltelefon von *Omantel (www.omantel.om)* und *Ooredoo (www.ooredoo.om)* für etwa 5 RO mit 3 RO Gesprächsguthaben.
Vorwahl Deutschland: 0049; Österreich: 0043; Schweiz: 0041; danach die Ortsvorwahl ohne Null und die Rufnummer.

TOILETTEN

Die arabische Toilette besteht nur aus einer Bodenplatte aus Keramik oder Metall mit einem Loch in der Mitte und Spülung. An den Tankstellen sind die WCs in der Regel sauber. In Hotels gibt's Sitztoiletten.

TRINKGELD

Trinkgeld ist in kleineren Restaurants oder bei Taxifahrern generell nicht üblich, in den Hotels mit ihren Restaurants dagegen schon. Üblich sind etwa 10 Prozent des Rechnungsbetrags, Kofferträger bekommen pro Gepäckstück 200–400 bz.

ZEIT

MEZ plus 3 Stunden, während der Sommerzeit in Europa plus 2 Stunden.

ZOLL

Verboten ist die Einfuhr frischer Lebensmittel und von pornografischem Material – Achtung bei relativ freizügigen Titelbildern deutscher Magazine! 2 l Spirituosen pro Familie (!) sind frei. Nicht ausgeführt werden dürfen archäologische Fundstücke, Korallen und Fossilien *(Infos: oman.visahq.com/customs)*.
In die EU eingeführt werden dürfen: 1 l Spirituosen über 22 Prozent, 200 Zigaretten oder 250 g Tabak, 50 g Parfum und Waren im Gesamtwert von 430 Euro *(www.zoll.de)*. Schweiz: 5 l Spirituosen bis 18, 1 l Spirituosen über 18 Prozent, Waren für 300 Franken und 250 Zigaretten *(www.ezv.admin.ch)*.

SPRACHFÜHRER ENGLISCH

AUSSPRACHE

Zur Erleichterung der Aussprache sind alle englischen Wörter mit einer einfachen Aussprache (in eckigen Klammern) versehen. Folgende Zeichen sind Sonderzeichen:

θ hartes [s] (gesprochen mit Zungenspitze an der oberen Zahnreihe, zischend)

D weiches [s] (gesprochen mit Zungenspitze an der oberen Zahnreihe, summend)

' nachfolgende Silbe wird betont

ə angedeutetes [e] (wie in „Bitte")

AUF EINEN BLICK

ja/nein/vielleicht	yes [jäs]/no [nəu]/maybe [mäibi]
bitte/danke	please [plihs]/thank you [θänkju]
Entschuldigung!	Sorry! [sori]
Entschuldigen Sie!	Excuse me! [Iks'kjuhs mi]
Wie bitte?	Pardon? ['pahdn?]
Ich möchte .../Haben Sie ...?	I would like to ... [ai wudd 'laik tə]/ Have you got ...? ['Həw ju got?]
Wie viel kostet ...?	How much is ...? ['hau matsch is?]
gut/schlecht	good [gud]/bad [bäd]
kaputt/funktioniert nicht	broken ['brəukən]/doesn't work ['dasənd wörk]
Rechnung/Quittung	invoice [,inwois]/receipt [ri'ssiht]
alles/nichts	everything ['evriθing]/nothing [naθing]
Hilfe!/Achtung!/Vorsicht!	Help! [hälp]/Attention! [ə'tänschən] Caution! ['koschən]
Krankenwagen	ambulance ['ämbjulənts]
Polizei/Feuerwehr	police [po'lihs]/fire brigade [faiə brigäid]
Verbot/verboten	ban [bän]/forbidden [fohr'biddän]
Gefahr/gefährlich	danger [deinschər]/dangerous ['deinschərəss]
Darf ich Sie/hier fotografieren?	May I take a picture of you? [mäi ai täik ə 'piktscha of ju?]/May I take pictures here? [mäi ai täik 'piktschas hihr?]
Gute(n) Morgen!/Tag!/ Abend!/Nacht!	Good morning! [gud 'mohning]/afternoon! [aftə'nuhn]/evening! [,ihwning]/night! [nait]
Hallo!/Auf Wiedersehen!	Hello! [hə'ləu]/Goodbye! [gud'bai]
Tschüss!	Bye! [bai!]

Do you speak English?

„Sprichst du Englisch?" Dieser Sprachführer hilft Ihnen, die wichtigsten Wörter und Sätze auf Englisch zu sagen

Ich heiße ...	My name is ... [mai näim is]
Wie heißen Sie?	What's your name? [wots jur näim?]
Wie heißt du?	What's your name? [wots jur näim?]
Ich komme aus ...	I'm from ... [aim from ...]
heute/morgen/gestern	today [tə'däi]/tomorrow [tə'morəu]/yesterday ['jästədäi]
Stunde/Minute	hour ['auər]/minutes ['minəts]
Tag/Nacht/Woche	day [däi]/night [nait]/week [wihk]
Monat/Jahr	month [manθ]/year [jiər]
Ich habe ein Zimmer reserviert.	I have booked a room. [ai häw buckt ə ruhm]
nach vorne/zum Meer	forward [fohwəd]/to the sea [tu Də sih]
Schlüssel/Zimmerkarte	key [ki]/room card ['ruhm kahd]
Gepäck/Koffer/Tasche	luggage ['laggətsch]/ suitcase ['sjutkäis]/bag [bäg]
Wie viel Uhr ist es?	What time is it? [wət 'taim is it?]
Es ist drei Uhr.	It's three o'clock. [its θrih əklok]

ARABISCH

Ja./Nein.	na'am/la oder: kalla	نعم/لا، كلا
Bitte./Danke.	min fadlak/schukran	من فضلك/شكرا
Entschuldigung!	'afwan	عفوا
Guten Tag!/Guten Abend!	sabba l-chair/masa l-chair	صباح الخير/مساء الخير
Auf Wiedersehen!	ma'a s-salama	مع السلامه
Ich heiße ...	ismi ...	اسمي
Ich komme aus ...	ana min ...	انا من
... Deutschland.	... almania	المانيا
... Österreich./Schweiz.	... al nimsa/swizera	النمسا/سويسرا
Ich verstehe Sie nicht.	ana la afhamuka [ki]	انا لا افهمك
Wie viel kostet es?	kam jukallif dhalika	كم يكلّف ذلك
Bitte, wo ist...?	'afwan aina ...	عفوا اين

1	wahid	(واحد)١	5	chamsa	(خمسة) ٥	9	tis'a	٩ (تسعة)
2	itnan	(اثنان) ٢	6	sitta	(ستّة) ٦	10	'aschra	١٠ (عشرة)
3	talata	(ثلاثة) ٣	7	sab'a	(سبعة) ٧	20	'ischrun	٢٠ (عشرون)
4	arba'a	(اربعة) ٤	8	tamanija	(ثمانية) ٨	100	mia	١٠٠ (مئة)

UNTERWEGS

offen/geschlossen	open ['oupän]/closed ['klousd]
Abfahrt/Abflug/Ankunft	departure [dih'pahtschə]/departure [dih'pahtschə]/ arrival [ə'raiwəl]
Toiletten/Damen/Herren	toilets ['toilət] (auch: restrooms [restruhms])/ladies ['läidihs]/gentlemen ['dschäntlmən]
(kein) Trinkwasser	(no) drinking water [(nou) 'drinkin 'wotər]
Wo ist ...?/Wo sind ...?	Where is ...? ['weə is?]/Where are ...? ['weə ahr?]
links/rechts	left [läft]/right [rait]
geradeaus/zurück	straight ahead [streit ə'hät]/back [bäk]
nah/weit	near [niə]/far [fahr]
Bus/Straßenbahn	bus [bas]/tram [träm]
U-Bahn/Taxi	underground ['andəgraunt]/taxi ['tägsi]
Haltestelle/Taxistand	stop [stap]/taxi stand ['tägsi ständ]
Fahrplan/Fahrschein	schedule ['skädjuhl]/ticket ['tikət]
ein Auto/Tankstelle	a car [ə kahr]/petrol station [pätrol stäischən]

ESSEN & TRINKEN

Reservieren Sie uns bitte für heute Abend einen Tisch für vier Personen.	Could you please book a table for tonight for four? [kudd juh 'plihs buck ə 'täibəl for tunait for fohr?]
auf der Terrasse	outside [aut'said]/on the terrace [on Də 'täräs]
am Fenster	at the window [ät Də 'windəu]
Die Speisekarte, bitte.	The menue, please. [Də 'mänjuh plihs]
mit/ohne Eis/Kohlesäure	with [wiD]/without ice [wiD'aut ais]/gas [gäs]
Vegetarier(in)/Allergie	vegetarian [wätschə'täriən]/allergy ['ällədschi]
Ich möchte zahlen, bitte.	May I have the bill, please? [mäi ai häw De bill plihs?]

BANKEN & GELD

Bank/Geldautomat	bank [bänk]/ATM [äi ti äm] (auch: cash machine ['käschməschin])
Ich möchte ... Euro wechseln.	I'd like to change ... Euro. [aid laik tu tschäindsch ... iuhro]
bar/ec-Karte/Kreditkarte	cash [käsch]/ATM card [äi ti äm kahrd]/credit card [krädit kahrd]
Wechselgeld	change [tschäindsch]

GESUNDHEIT

Arzt/Zahnarzt/Kinderarzt	doctor ['doktər]/dentist ['däntist]/pediatrician [pidiə'trischən]
Krankenhaus	hospital ['hospitəl]
Fieber/Schmerzen	fever ['fihwər]/pain [päin]
Durchfall/Übelkeit	diarrhoea [daiə'riə]/nausea ['nohsiə]

Sonnenbrand	sunburn ['sanböhrn]
entzündet/verletzt	inflamed [in'fläimd]/injured ['indschəd]
Apotheke/Drogerie	pharmacy ['farməssi]/chemist ['kemist]
Schmerzmittel/Tablette	pain reliever [päin re'lihwər]/tablet ['täblət]

TELEKOMMUNIKATION & MEDIEN

Briefmarke/Brief	stamp [stämp]/letter ['lättər]
Postkarte	postcard ['pəustkahd]
Telefonkarte	phone card ['founkahd]
fürs Festnetz	for the fixed line network [fohr Də fikst lain 'nättwörk]
Ich suche eine Prepaid-karte für mein Handy.	I'm looking for a prepaid card for my mobile. [aim 'lucking fohr ə 'pripäid kahd for mai 'mobail]
Internetzugang	internet access ['internet 'äkzäss]
wählen/Verbindung/besetzt	dial ['daiəl]/connection [kə'nnäktschən]/busy [bisi]
Batterie/Akku	battery ['bättəri]/rechargeable battery [ri'tschahdschəbəl 'bättəri]
Internetanschluss/WLAN	internet connection ['internet kə'näktschən]/Wifi [waifai] (auch: Wireless LAN ['waərläss lan])
E-Mail/Datei/ausdrucken	email ['imäil]/file [fail]/ print [print]

FREIZEIT, SPORT & STRAND

Strand/Strandbad	beach [bihtsch]/lido ['lidəu]
Sonnenschirm/Liegestuhl	umbrella [am'bräla]/deckchair ['däcktschäər]
Ebbe/Flut/Strömung	low tide [lou taid]/flood [flad]/flow [flou]

ZAHLEN

0	zero ['sirou]	15	fifteen [fif'tihn]
1	one [wan]	16	sixteen [siks'tihn]
2	two [tuh]	17	seventeen ['säwəntihn]
3	three [θri]	18	eighteen [äi'tihn]
4	four [fohr]	19	nineteen [nain'tihn]
5	five [faiw]	70	seventy ['säwənti]
6	six [siks]	80	eighty ['äiti]
7	seven ['säwən]	90	ninety ['nainti]
8	eight [äit]	100	(one) hundred [('wan) 'handrəd]
9	nine [nain]	200	two hundred ['tuh 'handrəd]
10	ten [tän]	1000	(one) thousand [('wan) θausənd]
11	eleven [i'läwn]	2000	two thousand ['tuh θausənd]
12	twelve [twälw]	10 000	ten thousand ['tän θausənd]
13	thirteen [θör'tihn]	1/2	a/one half [ə/wan 'hahf]
14	fourteen [fohr'tihn]	1/4	a/one quarter [ə/wan 'kwohtə]

REISEATLAS

Verlauf der Erlebnistour „Perfekt im Überblick“
Verlauf der Erlebnistouren

Der Gesamtverlauf aller Touren ist auch in der herausnehmbaren Faltkarte eingetragen

 Bild: Bucht bei Muscat

Unterwegs in Oman

Die Seiteneinteilung für den Reiseatlas finden Sie auf dem hinteren Umschlag dieses Reiseführers

A
B
C
1
2
3
4
5
6
20 km
12.43 mi
Bāsa'īdū
Gurān
406
Ğazīre-ye Qešm
Ğazīre-ye Hengām
Tange-ye Hormoz
Ğazīre-ye Tonb-e Borzog
Ğazīre-ye Tonb-e Kuček
Ra's Musandam
Kumzār
15
al-Ḥaṣab
Buḥā
Sal Ala
aš-Ša'm
Ru'ūs al-Ğibāl
2499
Ġalila
Rams
'UMĀN
Lima
RA'S AL-ḤAIMA
1696
Diqdāqa
Hamraniyah
Dibbā al-Bay'a
Dibbā al-Hisn
ar-Raul
Umm al-Qaiwain
RKT
Hamriyah
Dhadnah
al-Aqqa
Idhn
Biatah
AŠ-ŠĀRIQA (SHARJAH)
'AĞMĀN
Ḥaur Fakkān (Khor Fakkan)
an-Nahwa (U.A.E.)
Madḥā' 'UMĀN
SHJ
Manāma
Deira
DXB
aḍ-Ḍaid
Ğumaira (Jumeirah)
DUBAYY (DUBAI)
Ğ. Muayhah 421
Fili
al-Fuğaira
FJR
Kalbā
al-Haba
+4h Gr.T
Ğuwaiza
Aswad
DWC
176
Dubai Desert Conserv. Res.
Hadhf
Šināṣ
AL-IMĀRĀT AL-MUTTAḤIDA AL-'ARABĪYA
al-Faq'
Rayy
al-Hayer
al-Liwā'
Suwaiḥān
(UNITED ARAB EMIRATES)
Maḥḍa
ṢUḤĀR
AAN
Ḥilī
Al-Buraimī
Ğuhr
Wādī al-Ğizī
as-Salābīḥ
Abu Samrah
AL-'AIN
Saḥm
1166
'Ain al-Faiḍ
al-Ġurayfa
al-Qabil
al-Fatḥ
aẓ-Ẓāhirah
al-Masā'iqa
1420
Sih Za'bah
23
Sadar
Murri
Ḍank
Yanqul
al-Qua'a
136
Wādī as-Safā'
Mudaisis

D
E
F
Darpahn
Angohrān
Mehmani
Dāvari
Kūhhā-ye Bašākerd
1781
2168
Ab An
Ğoğdān
Rūdḫāne-ye Gaz
42
Ī R Ā N
1
Kargūškī
91
45
930
48
Mobārak
Rūd-e Ğāgīn
Rūd-e Gābrīk
1722
Kūh-e Mehe
2
Rūdḫāne-ye Sedič
Ğāsk-e Kohne
Šahr-e Nou
98
16
Ğāsk
66
Yekdār
Gābrīk
28
Sedič
43
Ğohlū
Ḫalīğ-e Ğāsk
67
Karti
3
Gulf of Oman
+3h30 Gr.Time
2000
4
1233
5
3694
1
Ḫābūra
245
53
as-Suwayq
ad-Daymānīyāt
al-Maṣna'a
(MUSCAT)
MASQAT
60
Barkā'
01
53
AS-SĪB
AL-QURM
6
34
19
26
MCT
39
8
MAṬRAḤ
RUWĪ
35
Yīty
135
al-Madinah
22
Āfī
256
38
ar-Rustāq
Naḫal
al-Ḥağar
Wādī al-Ḥawqayn

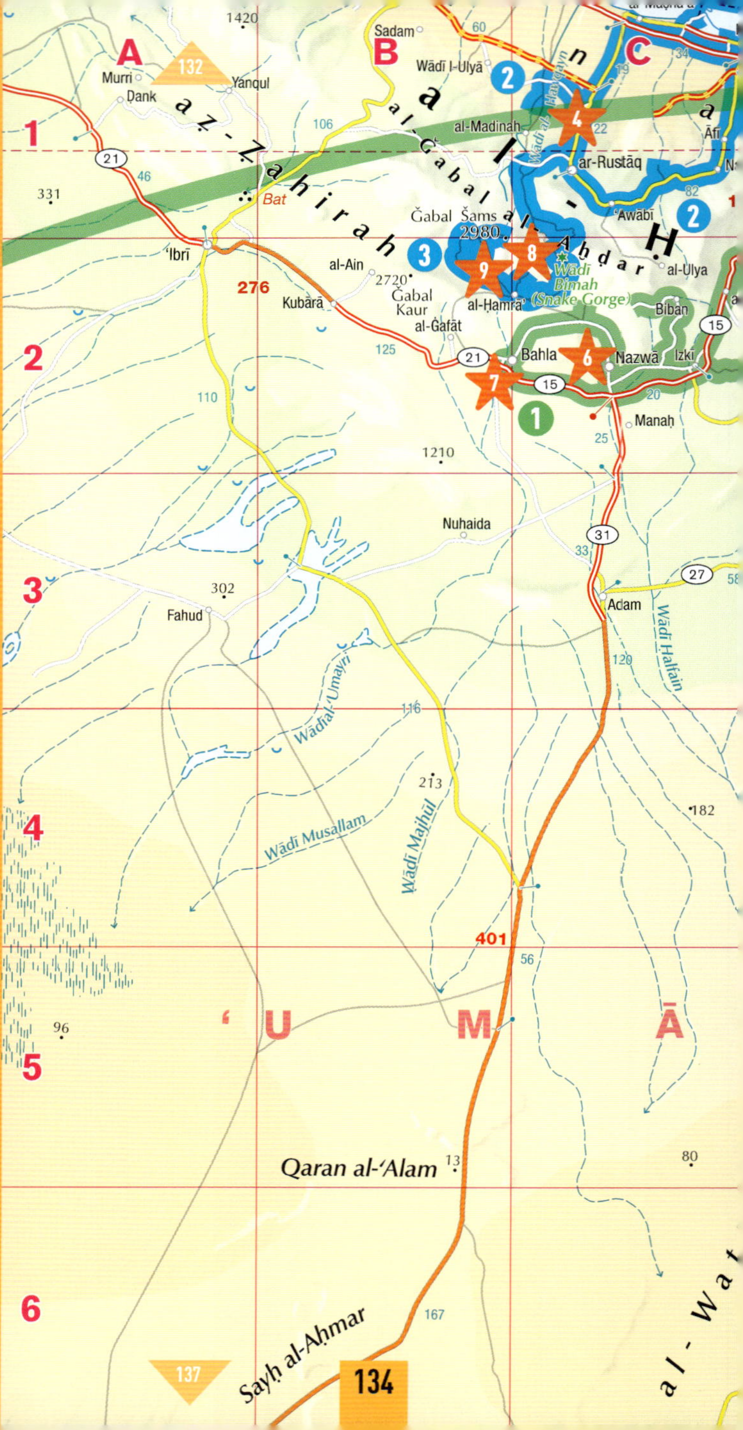

A
B
C
132
137
1
2
3
4
5
6
Murri
Dank
Yanqul
Sadam
Wādī l-Ulyā
az-Zāhirah
al-Ğabal al-Aḫḍar
Bat
ʿIbrī
al-Madinah
ar-Rustāq
ʿAwābī
Āfī
Ğabal Šams
2980
al-Ain
2720
Ğabal Kaur
Kubārā
al-Ḥamrāʾ
Wādī Bimah (Snake Gorge)
al-Ulya
Biban
al-Ġafāt
Bahla
Nazwā
Izki
Manaḥ
1420
331
276
1210
Nuhaida
302
Fahud
Adam
Wādī Ḥalfain
Wādī al-ʿUmayri
Wādī Musallam
Wādī Majhūl
213
182
401
ʿUMĀ
96
Qaran al-ʿAlam
13
80
Sayḥ al-Aḥmar
167
al-Wa

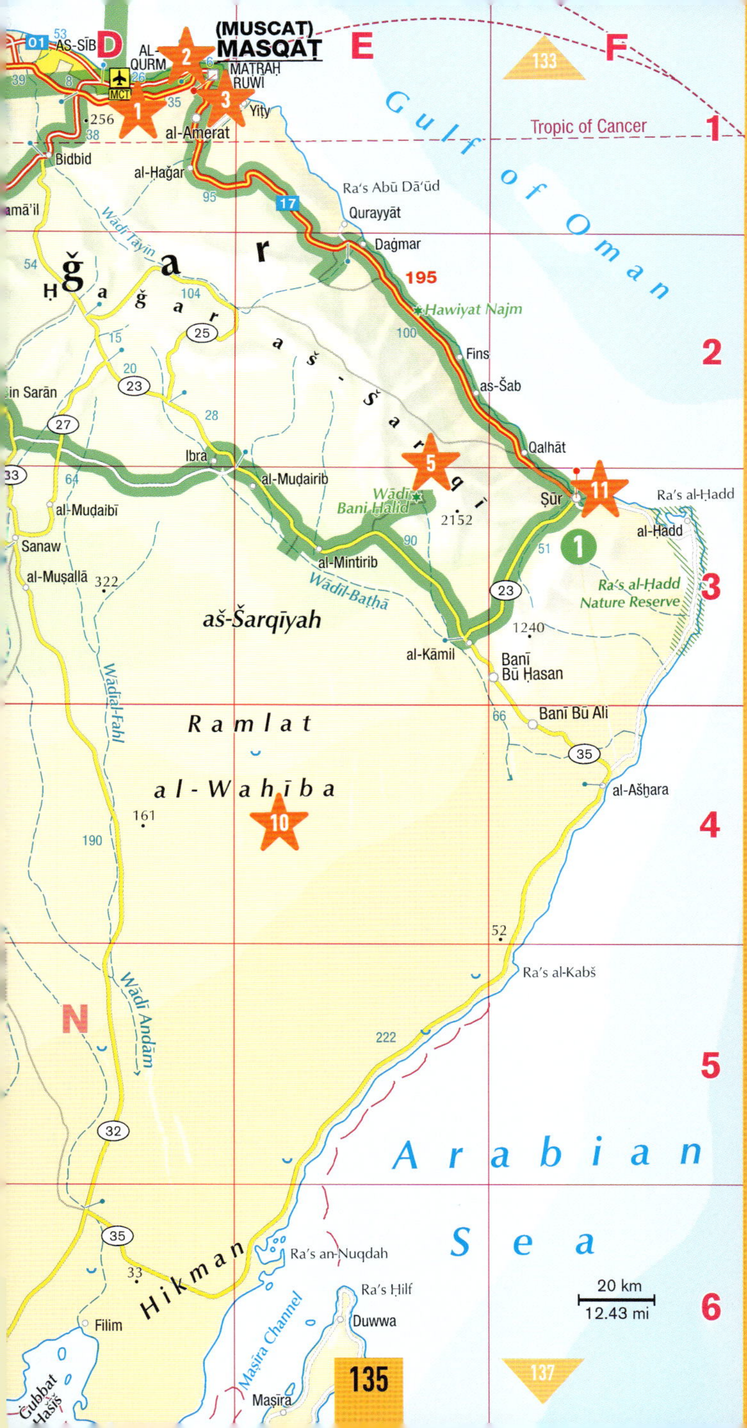
(MUSCAT)
MASQAT
AS-SĪB
AL-QURM
MCT
MAṬRAḤ
RUWI
Yity
al-Amerat
Bidbid
al-Haǧar
Ra's Abū Dā'ūd
Qurayyāt
Daġmar
Hawiyat Najm
Fins
as-Šab
Qalhāt
Ṣūr
Ra's al-Ḥadd
al-Ḥadd
Ra's al-Ḥadd Nature Reserve
Gulf of Oman
Tropic of Cancer
Ḥ ǧ a r
ǧ a r
a š - Š a r q ī
Wādī Ṭayīn
in Sarān
Ibra
al-Muḍairib
Wādī Bani Ḥalid
al-Mudaibī
Sanaw
al-Muṣallā
al-Mintirib
Wādīl-Baṭḥā
aš-Šarqīyah
al-Kāmil
Banī Bū Ḥasan
Banī Bū Ali
al-Ašḫara
Ramlat al-Wahība
Wādīal-Fahl
Wādī Andām
Ra's al-Kabš
Arabian Sea
Ra's an-Nuqdah
Ra's Ḥilf
Duwwa
Maṣīra Channel
Maṣīra
Hikman
Filim
20 km
12.43 mi
133
137
D
E
F
N
1
2
3
4
5
6

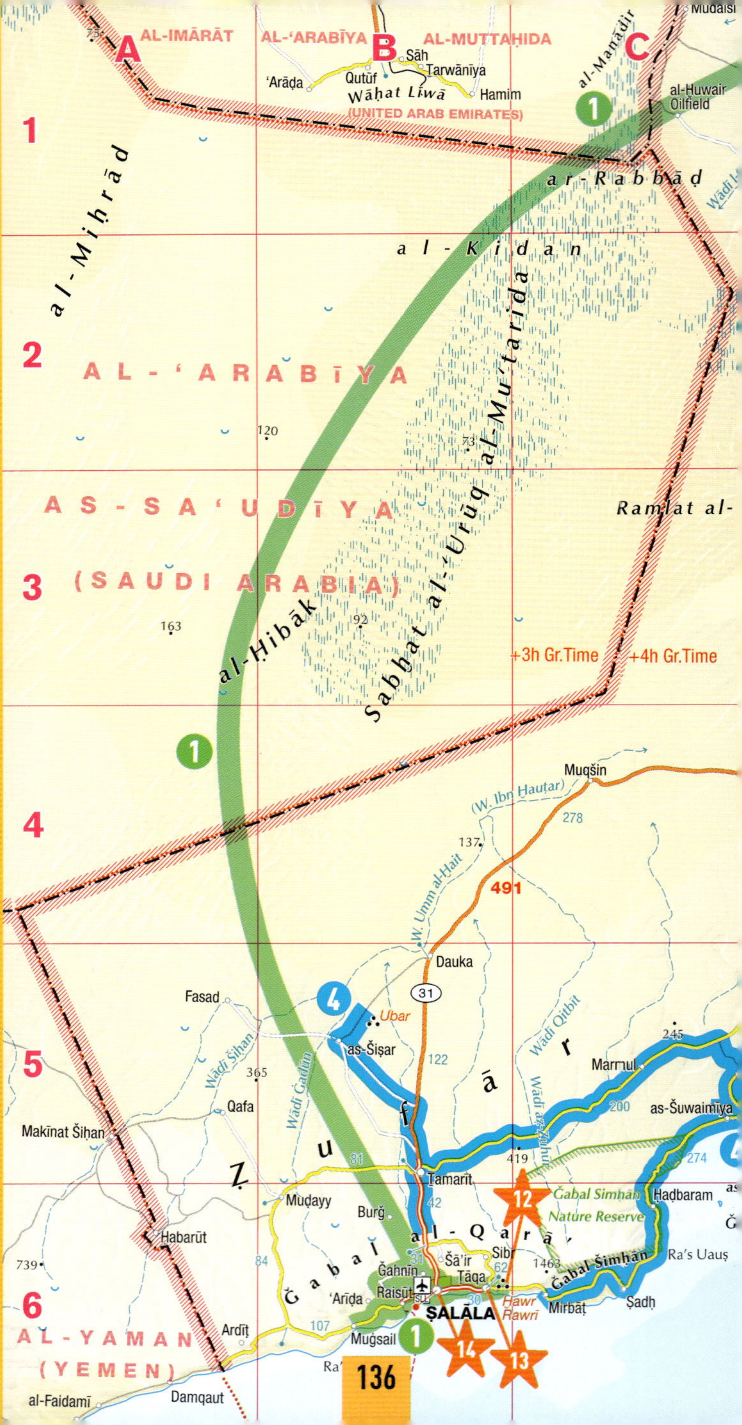

AL-IMĀRĀT AL-'ARABĪYA AL-MUTTAḤIDA
(UNITED ARAB EMIRATES)
Sāh
Tarwānīya
Quṭūf
'Arāḍa
Wāḥat Līwā
Hamim
al-Manādir
al-Huwair Oilfield
Mudaisi
ar-Rabbāḍ
al-Kidan
al-Miḥrād
AL-'ARABĪYA AS-SA'UDĪYA (SAUDI ARABIA)
Sabḫat al-'Urūq al-Mu'tariḍa
Ramlat al-
al-Ḥibāk
+3h Gr.Time
+4h Gr.Time
Muqšin
(W. Ibn Ḫauṭar)
W. Umm al-Ḥait
491
Dauka
31
Fasad
Ubar
as-Šiṣar
Wādī Šiḥan
Wādī Ġadūn
Wādī Qitbīt
Wādī az-Zuhūr
Qafa
Makīnat Šiḥan
Ẓufār
Marmul
as-Šuwaimīya
Ṭamarīt
Muḍayy
Burǧ
Habarūt
Ǧabal al-Qarā
Ǧabal Simḥān Nature Reserve
Ǧabal Šimḥān
Ḥaḍbaram
Ra's Uauṣ
Šā'ir
Sibr
Ṭāqa
Ǧahnīn
Raisūt
'Arīḍa
ṢALĀLA
Hawr Rawrī
Mirbāṭ
Šadḥ
Ardīṭ
Muġsail
AL-YAMAN (YEMEN)
al-Faidamī
Damqaut

ar-Rustaq
'Awābī
Samā'il
Bidbid
Ra's Abū Da'ūd
Qurayyāt
Bat
21
'Ibrī
D
al-Ain
Kubārā
al-Ġafāt
3
2980
Ğabal Šams
al-Ğabal al-Ahdar
2
E
165
Ḥağar aš-Šarqī
135
Dağmar
F
195
Wādī Tāyin
Nazwā
15
Izkī
Bahla
276
Sa'īd Bin Sarān
Ibra
al-Muḍairib
2152
Qalhāt
Ṣūr
al-Hadd
al-Mintirib
Nuhaida
Fahud
31
Adam
al-Muṣallā
Wādī Halfain
Wādī Batha
al-Kāmil
Ra's al-Ḥadd Nature Reserve
Banī Bū Ḥasan
Banī Bū Ali
Ramlat al-Wahība
al-Ašḥar
Ra's al-Kabš
Wādī Andam
Umān
401
Filim
Duwwa
Maṣīra Channel
Ğazīrat Maṣīra
al-Kalbān
Ra's Abū Raṣāṣ
Gulf of Maṣīra
al-Wat̤ā
al-Ḥuqf
Arabian Oryx Sanctuary
Salḥ Haimā'
Ğiddat al-Harāsīs
al-'Ağā'iz
Duqm
az-Z̤āhira
39
Madraka
Ra's Madraka
Sauqira Bay
Sauqira
Šarbiṯāt
Ra's Šarbiṯāt
al-Ḥallānīyāt
Arabian Sea
40 km
24.86 mi
1
2
3
4
5
6

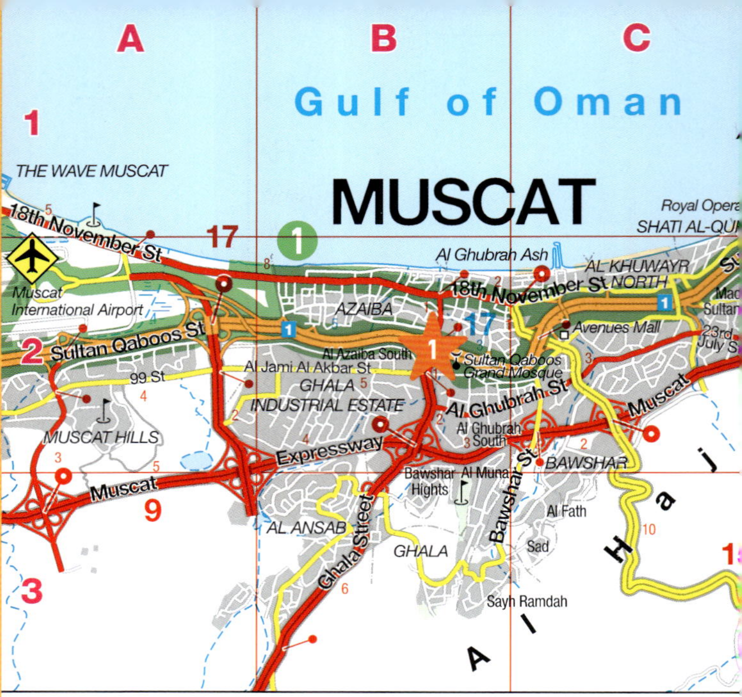
A
B
C
Gulf of Oman
1
2
3
THE WAVE MUSCAT
MUSCAT
Royal Opera
SHATI AL-QURUM
18th November St
17
1
Muscat International Airport
Sultan Qaboos St
99 St
MUSCAT HILLS
Al Ghubrah Ash
AL KHUWAYR NORTH
AZAIBA
Avenues Mall
23rd July St
Al Azaiba South
Sultan Qaboos Grand Mosque
Al Jami Al Akbar St
GHALA
INDUSTRIAL ESTATE
Al Ghubrah St
Muscat
Al Ghubrah South
Expressway
BAWSHAR
Muscat
9
Bawshar Hights
Al Muna
Bawshar St
Al Fath
AL ANSAB
Ghala Street
GHALA
Sad
Sayh Ramdah
Al Hajar

A
B
C
4
5
6
Salalah Gardens Mall Road
Ar Rubat Street
NEW SALALAH
Naseer Bin Murshed Street
Markaz
Al Muhafdhah
112 Way
Al Nahdah Street
Al Tatawor Street
Al Markaz
A'Suq Street
Sultan Qaboos Mosque
Mirbat Street
Al Wadi
Taqah Street
Maydan
88 Way
80 Way
Tareq Bin Ziyad Street
41 Way
Al Najah
Al Jadidah
60 Way
Omar Al Rwass Mosque
Al Fayha
Salalah
Al Intifadat St
74 Way
44 Way
Al Afiya Mosque
Al Mazyounah Street
Salalah Park
23 July Street
Al Ittihad Sports Club
Salalah Al Jadidah Cemetry
Eastern Salalah Cemetery
20 Way
Al Nahdah
A Salam
Al Wafer
Samhan Street
58 Way
SALALAH
34 Way
Naseer Bin Murshed Street
Mirbat Street
31 Way
Ghadubah St
Mazin Bin Ghadubah St
14 Way
Masjed Baghadeerah
Al Muntazah Street
AL-GHARBIA
Bir Bint Ahmed Street
Hamud Al Ghafri Street
An Noor Street
8 Way
Sultan Qaboos Street
1
HAYY ASH SHATI
Al Khawr
Al Khawr Street
Al Nahdah St
Al-Hisn Palace

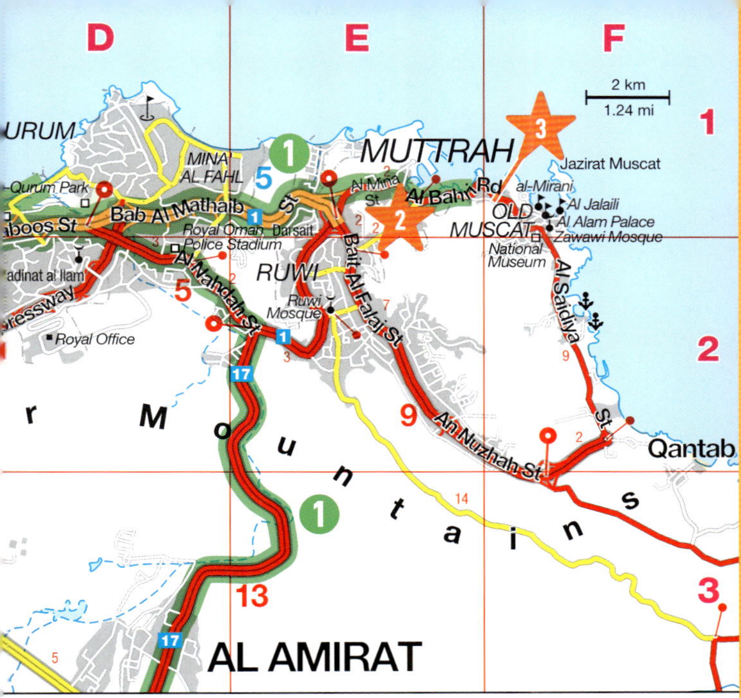
D
E
F
1
2
3
2 km
1.24 mi
URUM
MINA AL FAHL
Qurum Park
MUTTRAH
Jazirat Muscat
al-Mirani
Al Jalaili
Al Alam Palace
Zawawi Mosque
OLD MUSCAT
National Museum
Al Mina St
Al Bahri Rd
Bab Al Mathaib St
aboos St
Royal Oman Police Stadium
Darsait
Al Nahdah St
RUWI
Ruwi Mosque
Bait Al Falaj St
adinat al Ilam
ressway
Royal Office
Al Saidiya St
An Nuzhah St
Qantab
r Mountains
AL AMIRAT
13
17
9
14

D
E
F
4
5
6
Ar-Rubat St
Ar-Rubat Street
Umm Al Ghawarif Street
Al Hasaylah Street
118 Way
102 Way
94 Way
AR RUBAT
78 Way
As Salam Street
As Salam Street
Al Hasaylah St
Street
A'Zaweyah St
Prophet Umran Masjid
Corner mosque
25 Way
23 July Street
Al Matar Street
Musjed Ahmed Bin Ali
36 Way
32 Way
56 Way
16 Way
38 Way
20 Way
Al Qawf Street
14 Way
Al Muntazah
Museum of the Frankincence Land
Sultan Qaboos Street
Masjed Afif
12 Way
Al Hafah Street
Al Matar Street
AL-HAFFA
Hafah Mosque
Hafah Jumua Mosque
40 Way
Al Bahri Street
Al Bahri Street
Al Bahri Street
Salalah
500 m
547 yd
RABIAN SEA

KARTENLEGENDE

Autobahn, mehrspurige Straße - in Bau lighway, multilane divided road - under construction		Autoroute, route à plusieurs voies - en construction Autosnelweg, weg met meer rijstroken - in aanleg
Fernverkehrsstraße - in Bau Trunk road - under construction		Route à grande circulation - en construction Weg voor interlokaal verkeer - in aanleg
Hauptstraße Principal highway		Route principale Hoofdweg
Nebenstraße Secondary road		Route secondaire Overige verharde wegen
Fahrweg, Piste Practicable road, track		Chemin carrossable, piste Weg, piste
Straßennummerierung Road numbering	E20 11 70 26 5 40 9	Numérotage des routes Wegnummering
Entfernungen in Kilometer Distances in kilometers	259 130 129	Distances en kilomètres Afstand in kilometers
Höhe in Meter - Pass Height in meters - Pass	1365	Altitude en mètres - Col Hoogte in meters - Pas
Eisenbahn - Eisenbahnfähre Railway - Railway ferry		Chemin de fer - Ferry-boat Spoorweg - Spoorpont
Autofähre - Schifffahrtslinie Car ferry - Shipping route		Bac autos - Ligne maritime Autoveer - Scheepvaartlijn
Wichtiger internationaler Flughafen - Flughafen Major international airport - Airport		Aéroport importante international - Aéroport Belangrijke internationale luchthaven - Luchthaven
Internationale Grenze - Provinzgrenze International boundary - Province boundary		Frontière internationale - Limite de Province Internationale grens - Provinciale grens
Unbestimmte Grenze Undefined boundary		Frontière d'Etat non définie Rijksgrens onbepaalt
Zeitzonengrenze Time zone boundary	-4h Greenwich Time -3h Greenwich Time	Limite de fuseau horaire Tijdzone-grens
Hauptstadt eines souveränen Staates National capital	MANILA	Capitale nationale Hoofdstad van een souvereine staat
Hauptstadt eines Bundesstaates Federal capital	Kuching	Capitale d'un état fédéral Hoofdstad van een deelstat
Sperrgebiet Restricted area		Zone interdite Verboden gebied
Nationalpark National park		Parc national Nationaal park
Antikes Baudenkmal Ancient monument		Monument antiques Antiek monument
Sehenswertes Kulturdenkmal Interesting cultural monument	Angkor Wat	Monument culturel interéssant Bezienswaardig cultuurmonument
Sehenswertes Naturdenkmal Interesting natural monument	Ha Long Bay	Monument naturel interéssant Bezienswaardig natuurmonument
Brunnen Well		Puits Bron
MARCO POLO Erlebnistour 1 MARCO POLO Discovery Tour 1		MARCO POLO Tour d'aventure 1 MARCO POLO Avontuurlijke Routes 1
MARCO POLO Erlebnistouren MARCO POLO Discovery Tours		MARCO POLO Tours d'aventure MARCO POLO Avontuurlijke Routes
MARCO POLO Highlight	1	MARCO POLO Highlight

FÜR IHRE NÄCHSTE REISE ...

ALLE **MARCO POLO** REISEFÜHRER

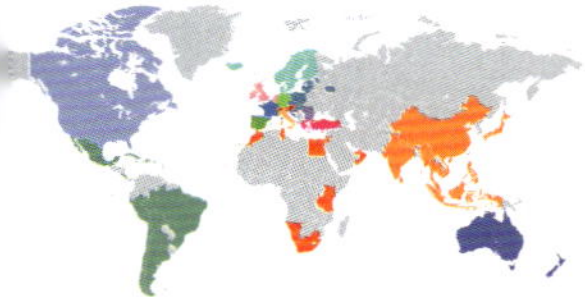

DEUTSCHLAND
Allgäu
Bayerischer Wald
Berlin
Bodensee
Chiemgau/ Berchtesgadener Land
Dresden/ Sächsische Schweiz
Düsseldorf
Eifel
Erzgebirge/ Vogtland
Föhr & Amrum
Franken
Frankfurt
Hamburg
Harz
Heidelberg
Köln
Lausitz/Spreewald/ Zittauer Gebirge
Leipzig
Lüneburger Heide/ Wendland
Mecklenburgische Seenplatte
Mosel
München
Nordseeküste Schleswig-Holstein
Oberbayern
Ostfriesische Inseln
Ostfriesland/Nordseeküste Niedersachsen/Helgoland
Ostseeküste Mecklenburg-Vorpommern
Ostseeküste Schleswig-Holstein
Pfalz
Potsdam
Rheingau/ Wiesbaden
Rügen/Hiddensee/ Stralsund
Ruhrgebiet
Schwarzwald
Stuttgart
Sylt
Thüringen
Usedom
Weimar

ÖSTERREICH SCHWEIZ
Kärnten
Österreich
Salzburger Land
Schweiz
Steiermark
Tessin
Tirol
Wien
Zürich

FRANKREICH
Bretagne
Burgund
Côte d'Azur/ Monaco
Elsass
Frankreich
Französische Atlantikküste
Korsika
Languedoc-Roussillon
Loire-Tal
Nizza/Antibes/ Cannes/Monaco
Normandie
Paris
Provence

ITALIEN MALTA
Apulien
Dolomiten
Elba/Toskanischer Archipel
Emilia-Romagna
Florenz
Gardasee
Golf von Neapel
Ischia
Italien
Italienische Adria
Italien Nord
Italien Süd
Kalabrien
Ligurien/ Cinque Terre
Mailand/ Lombardei
Malta & Gozo
Oberital. Seen
Piemont/Turin
Rom
Sardinien
Sizilien/ Liparische Inseln
Südtirol
Toskana
Venedig
Venetien & Friaul

SPANIEN PORTUGAL
Algarve
Andalusien
Azoren
Barcelona
Baskenland/ Bilbao
Costa Blanca
Costa Brava
Costa del Sol/ Granada
Fuerteventura
Gran Canaria
Ibiza/ Formentera
Jakobsweg Spanien
La Gomera/ El Hierro
Lanzarote
La Palma
Lissabon
Madeira
Madrid
Mallorca
Menorca
Portugal
Spanien
Teneriffa

NORDEUROPA
Bornholm
Dänemark
Finnland
Island
Kopenhagen
Norwegen
Oslo
Schweden
Stockholm
Südschweden

WESTEUROPA BENELUX
Amsterdam
Brüssel
Dublin
Edinburgh
England
Flandern
Irland
Kanalinseln
London
Luxemburg
Niederlande
Niederländische Küste
Schottland
Südengland

OSTEUROPA
Baltikum
Budapest
Danzig
Krakau
Masurische Seen
Moskau
Plattensee
Polen
Polnische Ostseeküste/ Danzig
Prag
Slowakei
St. Petersburg
Tallinn
Tschechien
Ungarn
Warschau

SÜDOSTEUROPA
Bulgarien
Bulgarische Schwarzmeerküste
Kroatische Küste Dalmatien
Kroatische Küste Istrien/Kvarner
Montenegro
Rumänien
Slowenien

GRIECHENLAND TÜRKEI ZYPERN
Athen
Chalkidikí/ Thessaloníki
Griechenland Festland
Griechische Inseln/ Ägäis
Istanbul
Korfu
Kos
Kreta
Peloponnes
Rhodos
Sámos
Santorin
Türkei
Türkische Südküste
Türkische Westküste
Zákinthos/Itháki/ Kefalloniá/Léfkas
Zypern

NORDAMERIKA
Chicago und die Großen Seen
Florida
Hawai'i
Kalifornien
Kanada
Kanada Ost
Kanada West
Las Vegas
Los Angeles
New York
San Francisco
USA
USA Ost
USA Südstaaten/ New Orleans
USA Südwest
USA West
Washington D.C.

MITTEL- UND SÜDAMERIKA
Argentinien
Brasilien
Chile
Costa Rica
Dominikanische Republik
Jamaika
Karibik/ Große Antillen
Karibik/ Kleine Antillen
Kuba
Mexiko
Peru & Bolivien
Yucatán

AFRIKA UND VORDERER ORIENT
Ägypten
Djerba/ Südtunesien
Dubai
Israel
Jordanien
Kapstadt/ Wine Lands/ Garden Route
Kapverdische Inseln
Kenia
Marokko
Marrakesch
Namibia
Oman
Rotes Meer & Sinai
Südafrika
Tansania/Sansibar
Tunesien
Vereinigte Arabische Emirate

ASIEN
Bali/Lombok/ Gilis
Bangkok
China
Hongkong/Macau
Indien
Indien/Der Süden
Japan
Kambodscha
Ko Samui/ Ko Phangan
Krabi/ Ko Phi Phi/ Ko Lanta/ Ko Jum
Malaysia
Myanmar
Nepal
Peking
Philippinen
Phuket
Shanghai
Singapur
Sri Lanka
Thailand
Tokio
Vietnam

INDISCHER OZEAN UND PAZIFIK
Australien
Malediven
Mauritius
Neuseeland
Seychellen

Viele MARCO POLO Reiseführer gibt es auch als eBook – und es kommen ständig neue dazu!
Checken Sie das aktuelle Angebot einfach auf: www.marcopolo.de/e-books

REGISTER

Hier finden Sie alle in diesem Reiseführer erwähnten Orte und Ausflugsziele, wichtige Sachbegriffe und Personen. Gefettete Seitenzahlen verweisen auf den Haupteintrag.

SCHREIBEN SIE UNS!

Egal, was Ihnen Tolles im Urlaub begegnet oder Ihnen auf der Seele brennt, lassen Sie es uns wissen! Ob Lob, Kritik oder Ihr ganz persönlicher Tipp – die MARCO POLO Redaktion freut sich auf Ihre Infos.
Wir setzen alles dran, Ihnen möglichst aktuelle Informationen mit auf die Reise zu geben. Dennoch schleichen sich manchmal Fehler ein – trotz gründlicher Recherche unserer Autoren/innen. Sie haben sicherlich Verständnis, dass der Verlag dafür keine Haftung übernehmen kann.

MARCO POLO Redaktion
MAIRDUMONT
Postfach 31 51
73751 Ostfildern
info@marcopolo.de

IMPRESSUM
Titelbild: Rub al Khali (Look/Photononstop)
Fotos: huber-images: M. Carassale (55), B. Cossa (14/15, 70/71), L. Grandadam (50), T. Grüner (4 u.), H. - P. Huber (12/13, 34), A. Pavan (30/31, 58, 61, 63, 84), M. Robertz (6), R. Schmid (Klappe o., 9, 17, 20/21, 38, 40, 64/65, 74/75, 79, 80, 82/83, 87, 88, 118 u.); huber-images/TC (2); J. Krumpeter (1 u.); Laif: Biskup (11), Engelhorn (19 u.), Kirchgessner (96), M. Sasse (26/27); Laif/Aurora: R. Van Waarden (108); Laif/hemis.fr.: F. Charton (92), F. Guiziou (10); Laif/LookatSciences (73); Look/Photononstop (1 o.); mauritius images: I. Masterton (Klappe u.); mauritius images/Alamy: K. Aun (66), M. Burgess (30, 56, 98/99), J. Calinawan (28 li.), D. Gabis (130/131), Hackenberg (25), E. Lafforgue (118 o.), E. Nathan (28 re., 29, 102), Philipus (4 o., 32/33), D. Steele (117), T. Wright (46/47); mauritius images/Alamy/Fotgraferen.net (110/111); mauritius images/Alamy/Prisma (90/91, 95); mauritius images/Axiom Photographic: C. Bradley (18 o.); mauritius images/foodcollection (18 u.); mauritius images/Hemis.fr: C. Moirenc (115); mauritius images/Imagebroker: G. Fischer (107), N. Probst (52, 112); mauritius images/John Warburton-Lee: J. & A. Scott (114, 116); mauritius images/Orédia: P. Lucenet (3); mauritius images/Photononstop: A. Demotes (116/117); mauritius images/Prisma: R. Schnoz (5); mauritius images/Robertharding: P. Ryan (18 M.); mauritius images/Westend61: M. Moxter (22, 44); Schapowalow/SIME: B. Cossa (48/49), A. Pavan (76); T. Stankiewicz (7, 8, 19 o., 31, 37, 43, 69, 114/115, 119)

1. Auflage 2017

Chefredaktion: Marion Zorn
Autor: Jobst Krumpeter, Redaktion: Jens Bey
Verlagsredaktion: Stephan Dürr, Lucas Forst-Gill, Susanne Heimburger, Nikolai Michaelis, Martin Silbermann, Kristin Wittemann
Bildredaktion: Gabriele Forst
Kartografie Reiseatlas: © MAIRDUMONT, Ostfildern; Kartografie Faltkarte: © MAIRDUMONT, Ostfildern
Gestaltung Cover, S. 1, S. 2 | 3, Faltkartencover: Karl Anders – Büro für Visual Stories, Hamburg; Gestaltung innen: milchhof:atelier, Berlin; Gestaltung Erlebnistouren: Susan Chaaban Dipl.-Des. (FH)
Sprachführer: in Zusammenarbeit mit Ernst Klett Sprachen GmbH, Stuttgart, Redaktion PONS Wörterbücher

Printed in China

FSC www.fsc.org MIX Paper from responsible sources FSC® C124385

BLOSS NICHT

Was Sie in Oman vermeiden sollten und wo Sie aufpassen müssen

GEFÄNGNISAUFENTHALT RISKIEREN

Natürlich gibt es Reisende, die sich auch in Oman freizügig und offenherzig kleiden und mit der Einstellung „Die kriegen mein Geld, deshalb darf ich mich benehmen, wie ich will" durchs Land reisen. Beispiele dafür gibt es genug – und die Omanis werden niemanden daran hindern, denn dafür sind die Menschen hier viel zu höflich. Schließlich sollen sich die Touristen doch auf ihrer Reise wohlfühlen!
So manche Tür bleibt einem dann allerdings verschlossen, und das respektlose Verhalten wird sehr wohl registriert. Denn man sollte auch berücksichtigen, dass man als Repräsentant der westlichen Zivilisation durchaus Verantwortung trägt. Offen stehen übrigens andere Türen, sollte man nackt baden gehen: Sie bestehen aus Gittern und schließen sich denn auch für eine Weile hinter allen FKK-Fans. Und über die Verpflegung im omanischen Knast hört man nichts Gutes!

AUF DIE NATUR PFEIFEN

Oman ist ein wildes Land voller Extreme, die Sie auf keinen Fall unterschätzen dürfen. Wasser spielt dabei eine wichtige Rolle: Regenfluten rauschen bisweilen durch die *wadis* und reißen alles mit, was nicht niet- und nagelfest ist – also meiden Sie die Täler, wenn's regnet. Außerdem sollten Sie auf keinen Fall die Hitze unterschätzen und immer genügend Trinkwasser bei Ihren Ausflügen dabeihaben.

EINEN ÜBER DEN DURST TRINKEN

Omanis sind auch nur Menschen und trinken mal einen zu viel, haben aber einen entscheidenden Vorteil: Sie kennen den Cousin des Bruders vom Freund des Nachbarn, der bei der Polizei arbeitet. Sie nicht! In der Öffentlichkeit lallend aufzufallen, ist daher eine ganz schlechte Idee. Denn es droht Gefängnis – das auch blüht, wenn Sie sich nach Alkoholgenuss ans Steuer setzen. Und die Verpflegung im omanischen Knast ... naja, Sie können sich's denken!

MECKERN ...

... wenn der Polizist oder der Soldat Ihnen die Kamera weggenommen hat, weil Sie unbedacht auf den Auslöser gedrückt haben. Alle Einrichtungen des Militärs und der Polizei, deren Angehörige und Botschaften dürfen nicht fotografiert werden. Auch Frauen in Oman mögen es überhaupt nicht, ungefragt abgelichtet zu werden.

ALLEIN IN DIE WÜSTE FAHREN

Tun Sie den Soldaten der omanischen Armee einen Gefallen: Fahren Sie nicht allein und ohne Guide in abgelegene Regionen oder gar in die Wüste. Denn die armen Kerle müssen Sie suchen, wenn Sie nicht mehr auftauchen, und da haben die nicht wirklich Lust drauf.